Du gibst meinem Leben weiten Raum

Du gibst meinem Leben weiten Raum

Spirituelle Texte von Frauen

Herausgegeben von
Andrea Kett und Hildegund Keul

SCHWABENVERLAG

»Denn Gott hat uns nicht einen Geist der Verzagtheit gegeben, sondern den Geist der Kraft, der Liebe und der Besonnenheit.« (2 Tim 1,7)

Inhalt

Vorwort

Liebe Leserin, lieber Leser,
spirituelle Texte wollen in den Höhen und Tiefen des alltäglichen Lebens geistreiche Perspektiven eröffnen. Wo zeigt sich Gottes Geist in überraschenden Wendungen, neuen Einsichten, plötzlich wachsender Tatkraft?

Mit dem Buch »Du gibst meinem Leben weiten Raum« halten Sie eine Fülle spiritueller Texte in Händen, die Frauen in ganz unterschiedlichen Kontexten geschrieben haben. Worte von alten und neueren »Klassikerinnen« wechseln sich ab mit Worten, die eigens für dieses Buch verfasst wurden. Sie verleihen konkreten Lebenserfahrungen Ausdruck und reflektieren übergreifende Zusammenhänge, manchmal sehr direkt, fast immer persönlich, oft lyrisch und mit innovativen Metaphern.

Konzipiert wurde das Buch für Frauen, die in der Kirche verortet sind, und darüber hinaus für Menschen, die sich für die spirituellen Ressourcen des Christentums interessieren. Gern laden wir Frauen und Männer innerhalb und außerhalb unserer eigenen Religionsgemeinschaft ein, diese Sammlung in eigenen Kontexten einzusetzen. Die Texte wollen als Fundgrube dienen für Ihre persönliche Meditation und Ihre Tätigkeit in Pastoral und Verbandsarbeit, geistlicher Begleitung und Supervision, Bildungs- und Gemeindearbeit. Sie greifen spezifische Erfahrungen von Frauen auf und sind offen für Männer, die sich von weiblichen Perspektiven inspirieren lassen.

Die Einteilung der Kapitel folgt jeweils zwei Verben, die mit einem weiten Spannungsbogen dem Leben in vielen Facetten Raum bieten: materiell arm sein, sich ohnmächtig fühlen, jung sein oder älter werden, am Leben und am Glauben (ver-)zweifeln, durch kleine und große Glücksmomente bereichert werden, bei sich selbst verweilen, der eigenen Kreativität Raum geben, Trost und Erfüllung finden. Sozialkritische Wahrnehmungen haben genauso ihren Platz wie Reflektionen über die eigene Gottesbeziehung und die Ermutigung zum Handeln. Die Zuordnung der Texte in die Kapitel wäre auch ganz anders denkbar. Ein Stichwortverzeichnis am Ende erleichtert die Erschließung der Texte für andere inhaltliche Bezüge.

Unser Dank gilt den Autorinnen und Verlagen, die uns ihre Texte zur Verfügung gestellt haben, sowie den Frauen aus kirchlichen Verbänden, Orden und aus der Frauenpastoral, die uns ihre Lieblingstexte eingesandt haben. Frau Andrea Braun danken wir für das sorgfältige Korrekturlesen. Ein besonderer Dank gilt dem Schwabenverlag und unserer Lektorin Andrea Langenbacher, die den Anstoß für dieses Projekt gegeben hat und der es mit Kompetenz und hohem persönlichen Engagement gelungen ist, unseren Ideen Gestalt zu geben.

Nun wünschen wir Ihnen, liebe Leserinnen und Leser, eine anregende Lektüre, erfüllt mit geistreichen Augenblicken. Möge dieses Buch dazu beitragen, dass Ihr Leben zu Hause, am Arbeitsplatz und auf Reisen weiten Raum gewinnt.

Aachen und Bonn, Pfingsten 2011

Andrea Kett und Hildegund Keul

arm sein
reich beschenkt werden

Eßt die Psalmen

Die Psalmen sind für mich eins der wichtigsten Lebensmittel. Ich esse sie, ich trinke sie, ich kaue auf ihnen herum, manchmal spucke ich sie aus, und manchmal wiederhole ich mir einen mitten in der Nacht. Sie sind für mich Brot.
Ohne sie tritt die spirituelle Magersucht ein, die sehr verbreitet unter uns ist und oft zu einer tödlichen Verarmung des Geistes und des Herzens führt. Materieller Reichtum und technologisches Wissen stellen in unserem Teil der Erde die Bedingungen für den spirituellen Tod der Überentwickelten dar. Und so möchte ich als erstes sagen: Eßt die Psalmen. Jeden Tag einen. Vor dem Frühstück oder vor dem Schlafengehen, egal. Haltet euch nicht lang bei dem auf, was ihr komisch oder unverständlich oder bösartig findet, wiederholt euch *die* Verse, aus denen Kraft kommt, die die Freiheit, Ja zu sagen oder Nein, vergrößern.
Findet euren eigenen Psalm. Das ist eine Lebensaufgabe und viel zu groß für uns, aber laßt euch nicht unnötig verkleinern. »Meine Seele singe zu Gott« - so haben Menschen, die innerhalb furchtbarer Verkleinerungszwänge lebten, gebetet. Hungrige, Verkrümmte, Geängstigte, an Geist und Seele verkümmerte Frauen haben das gewußt und gesungen. »Lobe den Herrn, meine Seele«, haben sie zu ihrer Seele gesagt. Eßt den Psalm, Gott hat schon Brot gebacken, die Väter und Mütter des Glaubens haben schon für uns vorgesorgt. Eßt und lernt, Brot zu backen.

DOROTHEE SÖLLE

Eine Schale will ich sein

Eine Schale will ich sein
die überströmt
vom Wasser des erfüllten Lebens

Eine Schale will ich sein
die übersprudelt
vom Schaumwein der Begeisterung

Eine Schale will ich sein
die überfließt
vom Saft der Gelehrsamkeit

Eine Schale will ich sein
die überschäumt
vom Nektar der Liebe

Eine Schale will ich sein
anderen
zum Trinken gereicht

ANGELA BERLIS

Was gratis ist in meinem Leben

Gratis ist mein Leben
dass ich auf der Welt bin
ich hab es mir nicht gewünscht
und doch ist es in Erfüllung gegangen.

Ich lebe gern.

Gratis ist die Milde des Wassers auf der Haut
beim Schwimmen
dass ich auf den kleinen Wellen liegen kann
und nicht untergeh.
Der graue Himmel und der blaue und die Gewissheit
dass da Himmel ist.

Gratis sind die Ahnenketten
die sich im Dämmer verlieren
die Frauen, die Kinder geboren haben
und großgezogen
all die Mühen und der Eifer
damit ich in die Welt kommen konnte.

Das Alphabet, das schon erfunden war
und der Satz des Pythagoras und die
Relativitätstheorie
und dass mir Mozart die Zauberflöte geschenkt hat
ich hab' sie mit einer persönlichen Widmung im Ohr.

Gratis ist die Erinnerung an die Worte, die du mir gesagt hast
und an das Glück, das ich dabei empfand
gratis der Hauch, die Seligkeit
das Aufblitzen mittendrin
ein Kind, das lacht
und die Welt steht still.

Gratis ist der Moment, in den du mich hüllst
wenn ich verzweifle
und dass das Licht wiederkehrt
jeden Morgen.

REINHILD TRAITLER

Was ist Leben?

Und die ganze Zeit über halte ich ihr keinen einzigen Vortrag. Ich erteile ihr keine Ratschläge, gebe keine Analogien oder Moralpredigten zum Besten. Ich vergleiche sie mit niemandem. Denn es gibt Dinge, die muss man selbst herausfinden. Wenn es aber etwas gäbe, das ich diesem wunderbaren Kind schenken könnte – etwas, das ich ihr mit auf den Weg geben könnte, in glänzendes Papier eingewickelt und mit einer steifen Schleife verziert, dann wären es folgende Worte:
Die meisten Menschen verpassen ihr ganzes Leben, weißt du. Leben heißt nicht, auf einem Berggipfel zu stehen und den Sonnenuntergang zu beobachten. Leben heißt nicht, am Altar zu warten, oder auf den Augenblick, wenn dein Kind zur Welt kommt, oder das eine Mal, als du im tiefen Wasser geschwommen bist und ein Delphin neben dir herschwamm. Das sind Bruchstücke. Zehn oder zwölf Sandkörner, eingestreut in dein gesamtes Dasein. Aber sie sind nicht dein Leben. Leben heißt Zähne putzen, ein Sandwich belegen, Nachrichten sehen, auf den Bus warten. Einen Spaziergang machen. Jeden Tag passieren tausend winzige Ereignisse, und wenn du nicht aufpasst, wenn du nicht vorsichtig bist, wenn du sie nicht einfängst und dafür sorgst, dass sie zählen, könntest du es verpassen. Könntest du dein ganzes Leben verpassen.

TONI JORDAN

Was mir fehlt

mir fehlen
die worte
    zu beschreiben
    was in mir
        geschieht

mir fehlen
    die gedanken
    zu begreifen
    was vorgeht
        in mir

mir fehlt
    die zeit
    den gedanken
        raum zu geben
    sie zu worten
        werden zu lassen

mir fehlen worte
gedanken
zeit

mir fehlt
    die stille
        zum leben

ANNETTE SCHULZE

Betrachtungen über die Versenkung

An guten Tagen ist alles ganz einfach. Der Atem kommt und geht wie er möchte, ich mische mich da nicht ein und langsam, langsam werde ich hineingezogen in eine sanfte, klare Ruhe, die sich mit jedem meiner Atemzüge weiter entfaltet, mich einhüllt von innen und außen.
Eine köstliche Stille umgibt mich, das Ein und Aus meines Atems führt mich in immer tiefere Räume des Schweigens, dunkle Räume, die sich dehnen und weiten in alle Richtungen. Was daran so schön ist, kann ich nicht sagen. Ich glaube aber, dass es Gott ist, die sich in dieser geheimnisvollen Schönheit verbirgt. Im vollen tiefen Klang ihrer Stimme schwingt Gott, höre ich ihre Stimme. So glaube ich.

Und ich habe keine Angst. Nicht vor der geheimnisvollen Dunkelheit der sich in mir weitenden Räume und auch nicht vor ihrer kraftvoll schwingenden Stille. Ich habe keine Angst, weil diese Stille, diese Dunkelheit ein Du für mich ist. Keine gesichtslose Kraft, die ihr kaltes Gesetz nach kosmischen Regeln vollzieht, sondern ein Du. Ein strömend fließendes, unfassbar nahes, unermesslich weites Gegenüber. Ein Du, das mich beschenkt und trägt.
Eine Stille, in die ich immer tiefer hineingezogen werde als Antwort auf mein eigenes Still-Werden. Eine Stille, die schöner ist als alle Musik, Grund grundloser Freude und sprudelnder Worte. In früheren Zeiten wurden solche Geschenke Gnade genannt. Auch heute weiß ich kein besseres Wort dafür.

Natürlich gibt es auch andere Tage. Tage, an denen ich nicht zur Ruhe kommen kann oder will. Zeiten des Schreiens und Bittens und Klagens. Ich möchte nicht, dass mein Schweigegebet in einer fahlen Totenstille endet, in der ich Gott immer weniger zu sagen habe und schließlich ganz verstumme.
Gott nimmt auch meine Klagen, meine Schmerzen und Wutschreie in sich auf und verwandelt sie. Gott füllt uns mit Kraft auf in jedem Atemzug. Es ist unfassbar, wie sehr sie uns liebt. Gott ist ein Geschenk, das geteilt werden will wie Brot. Gottes Brot ist aus Liebe gemacht. Wer einmal davon gekostet hat, wird von nichts anderem mehr satt.

CAROLA MOOSBACH

Working Mummy im Advent

Sehnsucht nach Stille
in hektischen Vorbereitungen
adventliche Basteleien und Weihnachtsschmuck
zwischen Papierstapeln, Rechnungen und Spielzeugchaos

»Ihr Kinderlein kommet« – bitte mit Eltern –
zu Weihnachtsfeiern und Chorauftritten
Weihnachtsmärkte mit Reizüberflutung
tausend Lichter, Düfte, Leckereien
verlockende Angebote für ellenlange Wunschzettel

Nach Schule und Arbeit
in Ruhe zusammen einen Tee trinken
unser Ritual, gemeinsam das Fest zu erwarten
später in glückliche, teigverschmierte Kindergesichter blicken
mit Plätzchenduft in der schon wieder klebrigen Küche

Kind ins Bett bringen
um nach Geschirr und Bügelwäsche
Nikolausstiefel zu füllen
und Geschenke einzupacken

Nächtens Ruhe suchen,
Zeit, mich innerlich der Menschwerdung anzunähern
und doch nur todmüde vorm Fernseher hängen
ins Bett fallen und im spannenden Buch
wieder nur zwei Seiten lesen

Tagsüber den Jahresabschluss machen müssen
dienstliche und private Weihnachtsgrüße versenden
durch Katalogbestellungen dem Einkaufsstress entgehen wollen
zur Antwort kriegen: lieferbar ab Februar
und so doch in überfüllte Städte fahren

»Lasset die Kinder zu mir kommen« wörtlich nehmen:
Nehm' ich heute deins, nimmst du morgen meins
Vernetzung schafft kleine Zeitlücken,
die gleich wieder gefüllt werden
nur nicht mit Stille und Besinnung

Am Heiligen Abend auf die festliche Christmette verzichten
stattdessen in den wuselig überfüllten Kindergottesdienst
Nach vielmal »Pst!« und »Ich kann nichts sehn!«
nach Hause zur privaten Weihnachtsfeier
bei der fast nur die Geschenke zählen
keine frommen Gedanken mehr
an das größte Geschenk:
»der Menschwerdung Gottes« aus der Kirche
hier steht das eigene quirlige Menschlein im Zentrum

Dann, wenn wirklich »Stille Nacht« wird
und das Heilige daran zu erahnen
ein kleiner, heimlicher Gedankenblitz:
»Wer ein solches Kind um meinetwillen aufnimmt,
der nimmt mich auf.«
Dafür das Ganze.

ANDREA REHN-LARYEA

fülle

brot
zum leben genug
hände
die es zubereiten
erde
die das korn hervorbringt
gnade
die es wachsen lässt
kraft
die es schenkt

dazu den luxus
es teilen zu dürfen
mit menschen
die um mich sind
die mein leben prägen
die mir wertvoll sind

    unser brot
    miteinander teilen
    gemeinsam essen
    einander beschenken –

das ist leben
    in fülle

ANNETTE SCHULZE

Zauberworte

Liebe und Dankbarkeit.
Mächtige Worte,
gefunden in der Stille.
Anker, den ich werfen kann
im überschäumenden Meer
der Gefühle.
Brücke, die mich trägt
ins Land der Gegenwart.
Verbindende Kraft,
die Herzenswärme
schafft und erhält.

Zauberworte, die
einen ganz normalen Augenblick
zu etwas Besonderem machen.
Mächtige Worte,
befreundet mit der Demut,
öffnen mir den Raum
der Stille und des Staunens.
Liebe und Dankbarkeit,
Verneigung
vor der Schöpferkraft
in allem Sein.

GABRIELE BEERBAUM

Ein Sommerpsalm

Satt,
so satt machst du unsere Seele.
Satt mit Liedern, Freunden, Speisen, Wein.

Satt,
so satt sind wir verbunden in dir.
Einander bergend in Liebe.

In der Freude des sonnigen Tages
und unter dem glitzernden Sternenhimmel
im Lachen und im geteilten Lebensatem.

Worte und Blicke,
die Welt unserer Tage umsorgend
deiner Gegenwart gewiss
und mit einem Tautropfen
so unendlich beschenkt.

Satt,
so satt wird unsere Seele,
wenn sie ertrinkt in dir.

CHRISTIANE BECKER

Ein zweites Mal

Könnte ich mein Leben noch einmal von vorn beginnen,
würde ich versuchen, mehr Fehler zu machen.
Ich würde alberner sein, würde ganz locker werden,
nur noch ganz wenige Dinge ernst nehmen.
Ich würde entschieden verrückter sein und weniger reinlich.
Ich würde mehr Gelegenheiten beim Schopfe ergreifen
und öfters auf Reisen gehn.
Ich würde mehr Berge ersteigen,
mehr Flüsse durchschwimmen und
mehr Sonnenaufgänge auf mich wirken lassen.
Ich würde mehr Schuhsohlen durchlaufen,
mehr Eis und weniger Bohnen essen.

Ich würde mehr echte Probleme und
weniger eingebildete Nöte haben.
Wie Sie bemerkt haben werden,
bin ich eine von denen,
die vorsorglich, vernünftig und gesund leben,
Stunde für Stunde,
Tag für Tag.

Nun, ich habe meine verrückten Augenblicke,
aber wenn ich noch einmal von vorn anfangen könnte,
würde ich mehr verrückte Augenblicke haben –
genau gesagt: Augenblicke –
einen nach dem andern,
und nichts mehr
von Plänen zehn Jahre voraus.

Wissen Sie, ich bin eine von denen,
die für alle Fälle Thermometer, Wärmflasche,
Gurgelwasser, Regenmantel und Fallschirm
bei sich haben.
Hätte ich ein zweites Leben,
ich würde sie zu Hause lassen.

Könnte ich mein Leben noch einmal von vorn beginnen,
ich würde in aller Herrgottsfrühe
barfuß in den Frühlingsmorgen laufen
und als letzte sagen: Jetzt ist der Herbst dahin.
Ich würde mehr Hockey spielen,
und vom Karussell würden sie mich nicht
mehr herunterbringen.

GERTRUDE WILKINSON

Wohlergehen

In einer Armutsstudie der Weltbank wurde eine Frau in Bangladesh gefragt, was für sie »Armut« sei und was »Wohlergehen« oder »Fülle des Lebens«.
Ohne zu zögern kam die Antwort: »Fülle des Lebens ist für mich ein voller Magen, Zeit zum Beten, ein Bambusbett zum Schlafen.«

Sie trennt nicht zwischen spirituell und materiell, geistlich und weltlich, Leib und Seele
Sie sagt nicht, Essen und Trinken, Schlafen und ein Dach über dem Kopf seien unwichtig.
All dies braucht sie, um leben zu können.

Doch sie fordert ebenso jenen äußeren und inneren Raum ein, der nur ihr und ihrem Gott gehört.
Denn Glaube an Gott, Verbundenheit mit dem Heiligen in der Natur und in den Menschen, Spiritualität ist genauso Überlebenshilfe.

ANTOINETTE BREM

Allein erziehend

Sie sagen, bei uns in Deutschland sei arm, wer weniger als die Hälfte des Durchschnittseinkommens habe.
Mein Gott, mir mangelt vieles.

Sie sagen, arm fühle sich, wer voller Angst eine wirtschaftliche Verschlechterung befürchte.
Herr, ich wandere im finsteren Tal.

Sie sagen, dass Armut auch im Kopf sei, wenn eine von der Gesellschaft ausgegrenzt werde.
Ach, ich hab schon lange nicht mehr gelacht, getanzt, nahrhaft gegessen.
Nehme vorlieb mit Medizin zweiter Klasse, unsicherem Auto, defekter Heizung.
Bin einsam, gereizt, antriebslos.

Ich weiß nicht, wie ich dem Teufelskreis entkomme, du Ewige.
Ich schaue weg, wenn andere ihr Baby
in Levis-Jeans und mit Kettchen kleiden.
Ich schlucke, wenn das Geld
nicht für den Ausflug in der Schule reicht.
Ich unterdrücke meine Tränen, wenn am Ende des Monats
wieder kein Geld für Geschenke übrigbleibt.
Sieh mich an und segne mich.

KATHRIN BUCHHORN-MAURER

Bilanz

Kein Diplom gerahmt
Kein Namensschild getragen
Kein Geld gemacht
Kaum Wünsche gehabt
Knapp das Meer gesehen
und nie die Hände im Schoß

Aber sieben Kinder geboren
und einen Mann zu Grabe getragen
Den kranken Holunder wieder zum Blühen gebracht
Dutzende von Wunden gesalbt
Hunderte von Broten gestrichen
Die Nerven behalten
Die Nerven verloren
Den Flecken Erde bewohnbar gemacht
und dazwischen das Glück gefühlt

Morgens in aller Früh begonnen
und abends mit müder Hand über den alten Herd
gefahren
und ihn gelobt
Einen Atemzug Frieden getan

Viele Tage gesorgt
viele Tränen geweint
und den Umständen Gutes abgerungen

Den Weg gern gehabt

JACQUELINE KEUNE

Ein Geschenk des Himmels

vor gott ist jede arm
doch jede ein herzenskind
eine tochter
eine freundin des himmels
eine liebste
vor gott ist jede reich

beschenkt

MARTINA KREIDLER-KOS

kaufen
liegen lassen

Bagagewagen

»Wenn sich ein Reisender viel Besitztum anschafft, so hat er erst die Not alles unterzubringen, und hat er sich an Überflüssiges gewöhnt, so muss er einen Bagagewagen hinter sich drein fahren haben.« An diesen Ausruf Bettina von Armins denke ich oft, wenn ich mit meinem Trolley unterwegs bin.

Da habe ich ihn, meinen Bagagewagen. Er fährt geduldig hinter mir drein, rumpelt unsanft über Füße, läuft holpernd aus der Spur. Seufzend greife ich nach ihm, wenn ich die Treppen hinauf und hinunter steige. Viel zu schwer, viel zu schwer! Wer braucht denn das alles?

Die frisch gewaschenen und fein gebügelten Blusen und Blazer. Die wohlmeinend wissenden Bücher. Der gar zu unverzichtbare Laptop, samt Stromanschluss, versteht sich. Thesenpapier und Textblatt, achtzig Mal kopiert. Das obligatorische zweite Paar Schuhe. Socken, Schmuck, Wäsche, Kleinkram. An wie viel Überflüssiges habe ich mich gewöhnt, dass ich einen Bagagewagen brauche?

Und ganz offensichtlich bin ich nicht die Einzige. Viele Menschen haben einen Bagagewagen hinter sich drein fahren – sichtbare und unsichtbare. Sortieren tut Not. Was bringe ich ungebraucht wieder zurück? Kann ich überhaupt Neues aufnehmen, wenn ich schon meine liebe Not habe, Altes in den Zug zu hieven? Vielleicht ist das eine Idee für meine nächste Fastenzeit. Mal ohne Bagagewagen unterwegs sein, sichtbare und unsichtbare. Liegen lassen, was überflüssig ist.

HILDEGUND KEUL

Die Ökonomie des Genug

Die Ökonomie des Genug ist ein Gegenentwurf zur Ideologie, Wirtschaftswachstum schaffe Zukunft. Die Ökonomie des Genug kennt Grenzen der Nutzung von Natur und Menschen: Es ist genug der Arbeit, sagt der siebte Schöpfungstag. Versuche, im Ausruhen dich selbst und sogar Gott zu finden.

Es ist genug geerntet, sagt das Brachjahr. Schützt euch vor Kreisläufen, die die Erde ausbeuten, die in Verwüstung und Verderben führen.
Es ist genug für alle da, sagt Jesus, der Brot bricht und austeilt.

Die Ökonomie des Genug lässt mich dankbar auf das sehen, was ich habe. Ich überlege, ob es genug oder schon zuviel ist. Weniger ist mehr? Ich versuche es mit ausmisten, weitergeben, weniger verbrauchen, sparen – ruhen.
Freiräume entstehen, in denen sich Zukunft ganz neu entwickeln kann.

BETTINA ELTROP

Spätsommerlicher Spekulatius

Noch blüht die Heide
noch stehen Strandkörbe vorm Deich
noch sind die Berge grün
die Luft ist angenehm und lau

Adventlich plötzlich der Supermarkt
mit Lebkuchen und Spekulatius
Dominosteinen und erstem Glühwein
Advent ist im September

Sich drüber ärgern?
Lauthals schimpfen?
Sie liegen lassen?
Oder doch kaufen?

Oder ...
eine Sehnsucht wahrnehmen
nach der Geborgenheit und Heimeligkeit
damals, als es dieses Gebäck nur im Dezember gab

Und einen Hunger spüren nach etwas
das nicht gestillt werden kann durch Kekse
nach einem Satt-sein
in der Tiefe meines Seins

Und weit in der Ferne ahnen
dass dieses Satt-werden
verheißen und erfahrbar wird
in dieser Geburt an Weihnachten

ANDREA REHN-LARYEA

Lebens-Mittel

Lebens-Mittel Freude
färbt meinen Tag.
Lächeln kleidet mich gut.
Ich brauche noch nichts Neues.

Lebens-Mittel Glück
glänzt in Gewohntem.
Wo kommt der Regenbogen
auf dem geputzten Boden her?

Lebens-Mittel Schönheit
leuchtet im Unscheinbaren.
Löwenzahnblüten
ein Kunstwerk Gottes.

Du, Mitte
in allem Leben
gib mir heute, was ich brauche.

CLAUDIA NIETSCH-OCHS

Ein Lob auf die Dinge

Manchmal ist es Liebe auf den ersten Blick: diese Tasche, jenes Buch, ein Stoff, ein Duft – verheißungsvolle Fülle von Farben und Formen, als wären sie allein für mich gemacht. Es ist ein magischer Moment, wenn ich erkenne, dass etwas vollkommen zu mir passt.
Zur Eigenart begehrenswerter Dinge gehört es, dass sie in den seltensten Fällen »nützlich« sind. Für den reibungslosen Ablauf des Alltags brauche ich sie nicht – anders als Seife, Brot oder Schuhcreme. Aber sie laden ein zum Verwöhnen und zum Genießen und bringen das Leben zum Funkeln. Vorausgesetzt, ich weiß, was mir guttut, womit ich mir eine Freude machen kann: Es gilt, sich bewusst und aufmerksam zu fragen, ob mir dieser Hut, dieser Lippenstift, diese Musik ein kleines Glück bescheren können und mich intensiver leben lassen. Ob sie in diesem Augenblick meinen Wünschen und Bedürfnissen entsprechen. Gedankenlos und unüberlegt konsumiert, hinterlassen sie jedoch nicht viel mehr als ein schales Gefühl, als Frust und Unzufriedenheit. Wenn ich mir dessen gewahr bin, ist es besser, sie liegen zu lassen, die Dinge. Oder sie andernfalls in vollen Zügen zu genießen.

STEPHANIE MEYER-STEIDL

Schmuck einer Frau

Ein Hut, der mich behütet.
Ohrringe, die freundlich glitzern.
Ein bunter Schal, der Lebendigkeit und Frische verheißt.
Eine Tasche, die mich durch Dick und Dünn begleitet.
Schuhe, die den Spagat zwischen Bodenhaftung
und femininer Würde meistern.

Das kostbarste aber, was mich als Frau ausmacht,
ist mein wacher Verstand,
ein Blick, der Mut und Entschlossenheit ausstrahlt,
und meine aufrechte Haltung.

ANNETTE DIESLER

Wer bin ich?

Ein Blick in den Spiegel – so sieht mich die Welt:
Viel zu dick für Größe 38,
graue Strähnen im Haar,
kleine Fältchen werden zu Furchen.

Na hör mal! Alles doch kein Problem!
Nur ein bisschen Disziplin!
Her mit der Diät – die Zeitschriften sind voll davon.
Bring Farbe ins Haar – die Industrie lässt keine Wünsche offen.
Nimm eine kleine Botox-Kur in der Mittagspause.

Wer bin ich?
Das mitfühlende Herz im XL-Leib,
der Witz und der Geist unter den ergrauenden Locken,
das Wissen der Jahre
und die Begabungen hinter der Faltenstirn.

Das macht mich aus.
Gott sei Dank.

ANDREA BRAUN

Gelassenheit

Zu Mt 6,19–34

Was sammelt ihr Schätze, die die Motten zerstören?

Es gibt Schätze, die nicht zu kaufen sind.
Es gibt Dinge, die eine eigene Währung haben.
Es gibt Wesentliches, das kein Geld aufwiegt.

Wer von euch kann mit all seiner Sorge
sein Leben verlängern?

Es gibt Sorgen, die vorüberziehen.
Es gibt Leben, das den Tod besiegt.
Es gibt Freude, die zum Glück aufblüht.

Lernt von den Lilien, die auf dem Feld wachsen.

Lasst liegen, was Zeit braucht.
Lasst wachsen, was reifen will.
Lasst werden, was kommen soll – in aller Pracht.

ISOLDE NIEHÜSER

Seligpreisungen vor dem übervollen Kleiderschrank

Selig sind die Bescheidenen,
denn sie erinnern mich daran,
was wirklich wichtig ist im Leben.

Selig sind, die nicht jeden Trend mitmachen,
denn sie ermutigen mich, ich selbst zu sein.

Selig sind, die bewusst verzichten und dabei fröhlich sind,
denn sie bestätigen mich darin,
dass weniger manchmal mehr ist.

Selig sind, die ihr letztes Hemd geben für andere
und sich nicht sofort ein neues kaufen,
denn sie zeigen mir, was teilen heißt.

ANDREA KETT

Die Perle

So vieles gibt es, was ich noch gerne hätte,
was mich anlacht
aus den Schaufenstern meiner Träume.

Du Gott meiner Träume,
gibt es wirklich kein »genug«?
Du Gott meiner Suche,
suchst du mit mir?

Ich suche die Perle.
Die Perle aller Perlen.
Lass sie mich finden.

Wenn ich sie gefunden hätte,
dann würde ich sie behüten
und verbergen – dorthin,
wo niemand hinkommt.
Ich würde sie vergraben
im Land meiner Seele.

Kein Schmuckstück sollte sie fassen,
kein Dieb sie mir rauben,
kein Geldstück sie kaufen –
die einzig mich füllt,
den Hunger stillt
nach Leben und Glück.

Sie suche ich und –
lasse alles andere.
Sie suche ich, bis –
sie mich findet.

BETTINA-SOPHIA KARWATH

ohnmächtig sein
machtvoll handeln

Lobgesang Magnificat

Und Maria sprach:
Laut rühmt meine Seele Gottes Macht der Zärtlichkeit,
und mein Geist frohlockt in meiner Sehnsucht nach Dir.
Denn Dein Auge schaut mich Ärmste an in Freundlichkeit,
und nun singen alle Völker mit mir im Chor:
 Groß sein lässt meine Seele Dich, Gott.
 Du hast mich gerettet.
 Groß sein lässt meine Seele Dich, Gott.
 Denn Du bist mein Heil.

Gottes Liebe tut Gewaltiges in unsrer Welt,
und ihr Name leuchtet auf in irdischem Glanz.
Sie gießt ihre Stärke aus durch alle Erdenzeit
über jede, die im Herzen sie anerkennt.

Große Taten führt sie aus mit ihrem starken Arm.
Menschen voller Stolz und Hochmut treibt sie davon.
Die die Macht missbrauchen stößt sie hart von ihrem Thron,
und erhebt, die niedrig sind und arm in der Welt.

Hungernde lädt sie zum Essen ein an ihren Tisch,
doch mit leeren Händen schickt sie Reiche nach Haus.
Ihres Volkes Israel nimmt sie sich gütig an,
wie sie Abraham und Sarah damals verhieß.

Gott, Du liebst uns und lädst ein zu kommen in Dein Reich.
Ehre sei Dir hier und überall auf der Welt.
Dein Erbarmen stärke uns und Deine Schöpfungskraft,

wie im Anfang so auch jetzt und für alle Zeit.
　Groß sein lässt meine Seele Dich, Gott.
　Du hast mich gerettet.
　Groß sein lässt meine Seele Dich, Gott.
　Denn Du bist mein Heil.

Nach Lk 1,46–55

ÜBERTRAGEN VON HILDEGUND KEUL

Niemand sucht aus

Man sucht sich das Land seiner Geburt nicht aus,
und liebt doch das Land, wo man geboren wurde.

Man sucht sich die Zeit nicht aus, in der man die Welt betritt,
aber muss Spuren in seiner Zeit hinterlassen.

Seiner Verantwortung kann sich niemand entziehen.

Niemand kann seine Augen verschließen, nicht seine Ohren,
stumm werden und sich die Hände abschneiden.

Es ist die Pflicht von allen zu lieben,
ein Leben zu leben,
ein Ziel zu erreichen.

Wir suchen uns den Zeitpunkt nicht aus, zu dem wir die Welt
betreten,
aber gestalten können wir diese Welt,
worin das Samenkorn wächst,
das wir in uns tragen.

GIOCONDA BELLI

Geboren, um die Herrlichkeit Gottes zu verwirklichen

Unsere tiefste Angst ist nicht, dass wir unzulänglich sind.
Unsere tiefste Angst ist, dass wir unermesslich machtvoll sind.
Es ist unser Licht, das wir fürchten, nicht unsere Dunkelheit.

Wir fragen uns: »Wer bin ich denn eigentlich,
dass ich leuchtend, hinreißend, begnadet sein darf?«
Wer bist du eigentlich, um dies nicht zu sein?
Du bist ein Kind Gottes.
Wenn du dich klein machst, dient das nicht der Welt.

Es hat nichts mit Erleuchtung zu tun,
wenn du dich klein machst, nur damit andere
sich in deiner Nähe nicht verunsichert fühlen.

Wir sind geboren, um die Herrlichkeit Gottes zu verwirklichen,
die in uns ist.
Sie ist nicht in einigen von uns, sie ist in jedem Menschen.

Und wenn wir unser Licht erstrahlen lassen,
geben wir unbewusst anderen die Erlaubnis, dasselbe zu tun.
Wenn wir uns von unseren eigenen Ängsten befreit haben,
wird unsere Anwesenheit ohne unser Zutun andere befreien.

MARIANNE WILLIAMSON

Nein!

Nein, ich will deine Nähe jetzt nicht
das werde ich nicht tun, nicht jetzt und nicht später
ich lasse mich nicht überreden mit
wir-brauchen-dich-doch-so-wie-du-kann-das-keine

Nein, auch wenn es mich selbst an die Grenze bringt
auch wenn es gegen meine Sehnsucht ist

Nein, weil jedes Nein meinen Lebensraum weitet
weil ich freier atme, klarer sehe, besser verstehe
wer ich bin, wer ich werde
was ich brauche und was nicht

Nein, weil ich an der Grenze zum Nein
ich selber werde
weil in der wachsenden Weite endlich
mein Ja leben kann

SUSANNE RUSCHMANN

Die Stunde der Angst

Tropfen um Tropfen füllt sich die Schale
mit Bitterkeit.

Es ist die Stunde
des Argwohns.
Hinter vertrautem Gesicht
lauert Verrat.

Die Lemuren rücken vor.
Die Beklommenheit wächst.
Die Schlinge wird enger.
Es ist die Stunde der Angst.

Schrei
bevor du erstickst!

CHRISTA MATHIES

Gratwanderung

Es geht tiefer
als ich denke
als ich zulassen will

Sich auf die Nacht einlassen

mache ich das zum letzten Mal?
schreiben
Geschenke ausdenken
verpacken
wegschicken
backen
nähen
telefonieren

sterben heißt
sich der Ohnmacht
überlassen
müssen
können
irgendwann: dürfen

wohl in der Reihenfolge –
ob ich es will oder nicht

auch wenn alle es sagen
mir einreden wollen

ich bin nicht auf der sicheren Seite

BARBARA JANZ-SPAETH

unvorstellbar

unvorstellbar
das Leid von Eltern
Maria
die ein Kind
verloren haben

unvorstellbar
die Trauer von Freunden, Verwandten, Jüngern
die einen nahen Menschen
vermissen oder verstorben wissen

unendlich
die Ohnmacht,
nicht eingreifen,
nicht helfen
zu können

unendlich
das Entsetzen über Leid und Tod
unendlich das Mitleid

die Frage:
Warum?
bleibt offen
viel später
als Geschenk
von innen
geboren
vielleicht
eine Ahnung
wozu

ANDREA REHN-LARYEA

Fukushima

Entsetzen packt mich, als ich von Fukushima höre. Bei uns beginnt der Frühling. Leben bricht auf, meldet sich mit farbenfrohen Frühblühern und traumhaftem Vogelgesang. Aber dort, auf der anderen Seite des Globus, nimmt die Zerstörung ihren Lauf. Auch dort strahlen Himmel, Land und Meer. Aber ganz anders: gefährlich, verletzend, tödlich. »Alles ist möglich«, trommelt der Mythos der Machbarkeit. Ja, alles ist möglich. Auch Fukushima mit Erdbeben der Stärke 9, einem 15 Meter hohen Tsunami am Atomkraftwerk und verheerender Kernschmelze im hoch technisierten Japan.

Ein Gefühl verzehrender Ohnmacht breitet sich aus. Was kann ich tun angesichts dieser Zerstörung, die so bösartig ist und übermächtig erscheint? Niemand weiß, welch ungeheures Ausmaß die Katastrophe annimmt und wie sie sich hineinfrisst in das Leben der Erde. Lebensräume werden zu Todeszonen. Vergiftet, verölt, verstrahlt – wie viele Nicht-Orte haben wir schon hineingerissen in die Schöpfung?

Aber ich will mich nicht der Resignation anheimgeben. »Gleicht euch nicht dieser Welt an, sondern wandelt euch und erneuert euer Denken« (Röm 12,2). Ökologisch sinnvoll einkaufen und essen; den Energie- und Wasserverbrauch reduzieren; das Auto stehen lassen oder gar nicht erst kaufen; eine Schmetterlingswiese anlegen und Kräuter wachsen lassen; wo immer möglich, auf Veränderungen in Politik und sozialen Beziehungen hinwirken.

Eine spirituelle Herausforderung unserer Tage: Den Zwiespalt aushalten zwischen dem Ausmaß von Fukushima, das so übermächtig daherkommt, und der Kleinheit der eigenen Schritte, die dennoch wirksam sind. Wo uns Menschen nichts mehr einfällt, hat die Schöpfung vielleicht noch eine Idee. Alles ist möglich, auch das Unmögliche. Das Leben steht auf aus dem Tod. Wenn ich diese Möglichkeit der Auferstehung im Blick behalte, kann ich Resignation und Verzweiflung widerstehen. Sich den Mut und die Beharrlichkeit nicht nehmen lassen; zupacken, wo immer es nötig ist; Kraft schöpfen aus der Liebe und dem Genuss der Schöpfung. So wird der Glaube an die Auferstehung zur Lebenskunst.

HILDEGUND KEUL

gegenwart

du dringst ein
in mich hinein
durch meine maskenmauer
mauermasken
hindurch
und
durch die vielen zäune
mäntel
mauern
zu meinem schutz aufgestellt
dringst du hindurch
unauffällig
unbemerkt
tief in mich hinein
und bist da
zärtliche gegenwart
heilend
die wunden in mir
mit dem sanften hauch
deines atems
in mir

ANNETTE SCHULZE

Wut

Wütend bin ich, stinkesauer!
Innerlich koche ich zornig, empört,
bin voll Aggression und Hass sogar.
Versöhnung? Völlig ausgeschlossen!

Zuschlagen würde ich am liebsten, doch
ein Rest an Vernunft hält mich zurück, leider.
Das Übelste will ich für meine Gegner,
Verwünschungen, Flüche brodeln in mir.

Ich wünschte, Gott, du würdest dich
machtvoll mit mir verbünden,
und vergelten, rächen das,
was Übles hier geschehen ist.

Sprachlos suche ich nach Worten
und finde sie in jenen
aus Gesangbüchern gestrichenen
aggressiven Versen alter Lieder:

»Herr, erhebe dich, mein Gott, bring mir Hilfe!
Denn all meinen Feinden hast du
den Kiefer zerschmettert, hast den Frevlern
die Zähne zerbrochen.« (Ps 3,8)

Verstanden fühle ich mich
in meinem Zorn und bestärkt:
Auch so darf ich fühlen
und denken vor deinem Angesicht.

ANDREA REHN-LARYEA

Töchter der Sonne!

Wir die Töchter der Sonne,
die wir in die Schatten der Dämmerung schreiben,
die wir die Nacht entlang wandern
und im Lichte des Morgens wieder auftauchen.
Barfüßige im Schoß der Erde
säen wir auf den Feldern
und backen das tägliche Brot.
Wir, die wir die Sprache des Windes kennen
und gelernt haben,
mit den Flügeln der Vögel zu fliegen,
die wir Lagunen im Blut haben
und unsere Körper mit Vulkanen bedeckt,
die wir es regnen gesehen haben
auf die trockene Erde
und die müden Gesichter,
die wir die Intensität eines Blickes gesehen haben,
die wir die Falten der Alten gezogen haben,
die wir das Brot mit unserem
eigenen Blut geweiht haben.

Wir zerreißen die Ketten
und machen uns auf den Weg.

UNBEKANNTE VERFASSERIN

Übersetzt von Christiane Rösener

Ich bin eine Frau

Ich bin eine Frau
Ich bin schwarz
Ich lebe
Ich kämpfe
Ich hoffe

Ich bin geschaffen zum Bilde Gottes
wie alle anderen Menschen in der Welt
Ich bin ein Mensch mit Wert und Würde
Ich kann denken
fühlen
handeln
Ich bin das kleine »Ich bin«
das vor dem großen »Ich bin« steht

Ich bin eine Arbeiterin
die immerzu wahrnimmt
und gefordert ist
von den Nöten der Kirche
der Gesellschaft und der Welt

Ich bin erzürnt
durch all die Verhältnisse und Mächte
die die verschiedenen Formen von
Unterdrückung, Ausbeutung und
Erniedrigung erzeugen

Ich bin eine Zeugin der Klagen und Tränen
der Fahnen und der geballten Fäuste
meiner Leute

Ich kann hören
ihre befreienden Lieder
ihre Gebete voller Hoffnung
und ihren entschlossenen Marsch
zu Gerechtigkeit und Freiheit

Ich glaube, dass wir alle
Frauen und Männer
Junge und Alte
Christen und Nichtchristen
gerufen sind
verantwortlich zu handeln
sich zu kümmern und
sich einzumischen
JETZT

Ich hoffe
Ich kämpfe
Ich lebe
Ich bin schwarz
Ich bin eine Frau

AUS SÜDAFRIKA

Leben gebären

geboren von einer frau
jeder mensch
geburt
schmerz freude
wehen dem leben die türen öffnen
stöhnen loslassen hingeben ekstase
pressen
einen menschen ins leben schieben
stille
leben
oder
tod
der erste atemschrei geschenk des lebens
und gott, die lebendige, blies dem erdwesen ihren
atem ein
geburt
wiederholung der göttlichen schöpfung
urform der schöpferischen kraft
überschreitung der eigenen grenzen
erfahrung des eins-seins
wir alle
geborene
durch göttliches und menschliches
ja zum leben

ISABELLA EHART

Reichtum der Talente

Wir brauchen welche,
die ihre Häuser öffnen,
die ihre Tische teilen,
die ihre Ohren leihen
und sich in den Schlaf beten.

Wir brauchen welche,
die nicht hinnehmen,
die nicht wegsehen,
die nicht ausweichen
und mit Engelsflügeln schlagen.

Wir brauchen welche,
die sich dem Himmel hinhalten,
die sich dem Wind überlassen,
die sich der Erde anvertrauen
und mit zärtlichen Fingern das Gras kämmen.

Wir brauchen welche,
die junges Grün säen,
die alte Haut streicheln,
die heiße Tränen trocknen
und ihre Träume hüten.

Wir brauchen welche,
die Zorn fühlen,
die Trauer tragen,
die Trost flüstern
und die Welt wärmen.

JACQUELINE KEUNE

Auch du

Auch du
bist Prophetin
in dir
tanzt das Licht
und machtvoll
erklingt uns dein Lied

aus dir
singt der Traum
vom Sturz aller Täter
vom Aufstand aller Opfer
zur Freundschaft
und Lebenslust

Auch du
bist Prophetin
ausgespannt
zwischen Himmel und Erde
in deinen Händen
liegt Licht und Wahrheit
und du erzählst
von Unrecht und Schmerz
und vom kommenden Leben
das leise
unaufhaltsam
unter uns Gestalt annimmt.

LISIANNE ENDERLI

scheitern
glücken

Es gibt dich

Dein Ort ist
wo Augen dich ansehn.
Wo sich die Augen treffen
entstehst du.

Von einem Ruf gehalten,
immer die gleiche Stimme,
es scheint nur eine zu geben
mit der alle rufen.

Du fielest,
aber du fällst nicht.
Augen fangen dich auf.

Es gibt dich
weil Augen dich wollen,
dich ansehn und sagen
daß es dich gibt.

HILDE DOMIN

Fliegen lernen

Der Umgang mit einem Menschen, der die Welt schon kennt, trägt viel dazu bei, dass wir uns selbst erkennen. Und wenn wir sehen, dass manche Dinge, die uns unmöglich erscheinen, anderen sehr wohl möglich sind; wenn wir gewahren, wie leicht und gelassen diese es vollbringen, so ermuntert uns das sehr, und es ist, als ob wir, wenn wir sie fliegen sehen, selber zu fliegen wagten, genau wie Vogelkinder, die das Fliegen lernen.

TERESA VON AVILA

Du bist einzigartig

Es gibt sie nicht – die Normfrau
Es gibt sie nicht – die kirchliche Normfrau
Denn das Leben richtet sich nicht nach Normen
Jedes Leben ist einzigartig

Und so bist auch du einzigartig mit deinem Leben
wie es auch war und wie es auch ist
Kostbar ist Dein Gelingen und Scheitern
dein Ausbrechen und Standhalten
dein Handeln und dein Innehalten
Kostbar bist DU

So gönne dich auch dir selbst
Nimm die Lebensfülle auf mit all deinen Sinnen
und finde dich neu

HEDI PELLETIER

Sich nicht versagen

Um nur nicht zu kurz zu kommen gar nicht erst
ausprobiert wie weit ich käme wenn ich denen
entgegenginge die zögernden Schrittes hoffen
dass meine einladende Hand ihnen Flügel verleiht

Vor selbstmitleidiger Schau in den Abgrund eigener Wunden
nicht erkannt wie sehr sich die Freundin gekränkten Blickes
nach meinem Mitleid sehnt und andere vor meiner Tür
darauf warten mit mir Leben zu feiern

Aus Angst vor dem Absturz den Schritt nicht gewagt
über meinen Schatten obwohl ich doch ahnte dass
jenseits der Schattengrenze Neuland mich federleicht trüge
und wachsen ließe bis in den Himmel

Wider die Sehnsucht mich wieder nicht
zugemutet dem liebenden Lebensgott
nicht seiner erbarmenden Ruach die doch mit unendlich viel
gnädigerem Blick als ich selbst meine Grenzen in Weite wandelt

SUSANNE RUSCHMANN

fallen

fallen
hinfallen
wie schnell das gehen kann
wie schnell einem das passiert
nur eine kurze Achtlosigkeit
schon fällt man raus
verliert den Halt
liegt am Boden

fallen
hinfallen
einfach da liegen
hingeworfen auf die Erde
nur ein kleiner Moment
schon fällt man tief
verliert die Sicherheit
liegt im Schmutz

fallen
hinfallen
mühsam begreifen
den Grund suchen
nur ein falscher Schritt
schon fällt man ins Abseits
verliert den Anschluss
liegt einsam da

BARBARA JANZ-SPAETH

Ich gehe meinen Weg

Ich gehe meinen Weg,
von Steinen gepflastert, ins Dunkel hinaus.
Niemand sieht mich, niemand bleibt stehen.
Ihre Sprache ist mir fremd, die Gesichter unbekannt.

Der Weg ist schwer. Ich komme kaum voran,
verliere die Orientierung im Getümmel
der fremden Menschen um mich herum.
Mein Knie versagt. Ich stolpere, will mich halten,
doch niemand ist dort, um mich aufzufangen.

Ich denke an das Vergangene.
Die Verzweiflung, die mich forttrieb aus der Heimat.
Der Wunsch auf Frieden im neuen Land.

Nun habe ich Angst.
Angst vor den Schmerzen nach dem Fall.
Angst vor der Einsamkeit, der Leere und der Hilflosigkeit.
Angst vor einer neuen Verzweiflung.

Ich weiß nicht weiter, nicht wohin, irre umher.
Doch dann geschieht für mich ein Wunder:
Jemand reicht mir eine helfende Hand
und gibt mir neuen Mut für meinen weiteren Weg.

SR. LEA ACKERMANN

Entstanden aus vielen Gesprächen und Zeugnissen der Frauen, die sich in Not an SOLWODI wenden.

Große Wünsche

Wünschen ist einfach. Wie Träumen. Ein offenes Fenster ins Mögliche. Ein Vorausschicken des Erträumten ins Ungewisse. Im Wunsch erkennt man den Mangel. Das, was fehlt, aber sein soll. Wünschen ist beides: die Lücke und das, was die Lücke schließt. Es ist das Make-up der Enttäuschung, der überschminkte Abgrund zwischen dem, was ist und dem was sein könnte. Es hält das Sollen am Leben. Damit es nicht an der Realität erstickt.
Wünschen allein hilft nicht. Es schwächt, wenn es den Weg nicht findet ins Tun. Das gute Leben, an den Horizont gehängt, wie ein neues Ufer, hilft nicht. Nicht ohne die Idee, wie man hinkommt. Nicht ohne Instrumente, die sie übersetzen. In den nächsten Schritt. Den kleinen. Der große Wunsch genügt nicht. Nicht ohne den nächsten Schritt. Der zu tun ist. Damit das Wünschen hilft.

SILVIA STRAHM BERNET

Glück

einander
zur Seite stehen
zuversichtlich und froh machen
ermutigen

mehr als die Oberfläche sehen
nachfragen
sich ein eigenes Urteil bilden

und immer wieder
nach neuen Seiten suchen
neue Seiten finden

frei werden
weil jemand an meiner Seite steht
befreien
weil ich jemandem zur Seite stehe

BARBARA JANZ-SPAETH

Shalom

Scheitern und dennoch glücklich sein – wie soll das gehen? *»Dass du dir glückst, auch im Unglück«,* wünscht uns der Gottes-Poet Kurt Marti. Kann, wer auf der Strecke bleibt, jemals glücklich sein? Der Gedanke provoziert: sich im Scheitern zu glücken. Mit den nächsten Zeilen bittet Marti *»dass eine Welt werde, wo zusammen mit dir viele sich glücken können.«* Gerade im Unglück dieser Welt. Ich denke dabei an ägyptische Frauen, die nach dem Sturz Mubaraks in den Straßen Kairos Blumen gepflanzt und Pflastersteine gesetzt haben. Einen Tag, nachdem dort noch geschossen wurde. Meint nicht dies *Shalom* – Friede, Glück, Zuwendung Gottes?

ANTOINETTE BREM

Ernte und Saat

Glücklich der Mann, der in seinem Leben ein Haus gebaut, einen Sohn gezeugt und einen Baum gepflanzt hat. Ich habe ein Haus gebaut, drei Kinder geboren und Unmengen von Pflanzen eingesät, pikiert, in die Erde gesetzt, gegossen, gehegt und gepflegt.

Ich habe gestillt, Gutenachtlieder gesungen, Lateinvokabeln abgehört, Kuchen für Schulfeste gebacken, aufgeschürfte Knie verpflastert, die Katze gefüttert. Ich habe Termine geplant, Familienfeiern organisiert, Beziehungen gepflegt, den Haussegen wieder gerade gehängt. Ich habe mich fortgebildet, um den Anschluss nicht zu verpassen. Ich habe ein bisschen dazu verdient. Ich habe gelacht, geweint, gekämpft, gehadert, geträumt, gehofft. Ich habe großes Glück und tiefe Trauer erfahren. Ich habe lernen müssen loszulassen. Kann ich mich glücklich schätzen?

Ich habe gesät und geerntet. Mein Leben ist reich, meine Scheune gut bestückt mit Erfahrungen und Erinnerungen, mit Erreichtem und Geschenktem. Dankbarkeit erfüllt mich. Und dennoch nagt die Sehnsucht an mir. Was mag jetzt noch kommen? Was hat das Leben mir noch zu bieten, und was ich dem Leben? Und wieder grabe ich die Erde um und säe ein: Glaube, Hoffnung, Liebe.

ANDREA KETT

Alltagsglück

unter einem Dach
zwei oder mehr Generationen
leben helfen und leben lassen
das ist Familie heute
Kinder können dabei sein
müssen aber nicht

an einem Tisch
zwei oder mehr Typen
Leben fördern und Leben behindern
das ist der Alltag
Sorgen sind immer dabei
mal mehr, mal weniger

in einem Auto
fünf oder sieben Plätze
vorne Mitte hinten
da gibt es Rangelei
Streiterei Geschrei
manchmal Versöhnung
manches bleibt offen

in einem Bett
wenig oder noch weniger Platz
kuscheln und nicht mehr kuscheln wollen
da gibt es Nähe und Geborgenheit
Vergewisserung und Verständigung
alles wird gut
Einzelnes besser

um eine Mitte
keine oder keiner im Mittelpunkt
zurücktreten und staunen
Platz lassen
da ist das Wir
da ist Gott

CHRISTIANE BUNDSCHUH-SCHRAMM

Ich vergehe nach dir

Was hat uns voneinander entfernt? Seh ich mich in dem Spiegel und frage, so seh ich mich verkehrt, eine einsame Schrift und begreife mich selbst nicht mehr. In dieser großen Kälte sollen wir uns kalt voneinander abgewandt haben, trotz der unstillbaren Liebe zueinander? Ich warf dir wohl rauchende Worte hin, verbrannte, mit bösem Geschmack, schneidende Sätze oder stumpfe, ohne Glanz. Als wollt ich dein Elend vergrößern und dich mit meinem Verstand ausweisen aus meinen Landen. Du kamst ja so vertraulich, manchmal plump, nach einem schönfärbenden Wort verlangend; auch getröstet wolltest du sein, und ich wußte keinen Trost für dich. Auch Tiefsinn ist nicht mein Amt.
Aber eine unstillbare Liebe zu dir hat mich nie verlassen, und ich suche jetzt unter Trümmern und in den Lüften, im Eiswind und in der Sonne die Worte für dich, die mich wieder in deine Arme werfen sollen. Denn ich vergehe nach dir.

INGEBORG BACHMANN

Gottesgeschmack

Als wäre das Leben
ein Glücksbaum

Als könnten wir davon pflücken
was und so viel wir wollten
Als könnten wir uns sättigen
jederzeit und für immer daran
Diese Hoffnung trügt

Unsere Seelen sind unersättlich
Ihr Hunger will mehr als diese
Erde bietet

In mancher Erfahrung von Glück
blitzt Du vor uns auf

gibst uns den Gottesgeschmack
auf die Zunge
damit wir mit weniger
nicht zufrieden sind
als mit Dir

THERESIA HAUSER

Gott segne und behüte uns

Gott segne und behüte uns
unseren Leib und unsere Seele
die Menschen, mit denen wir zusammenleben
die Erde, die wir bewohnen

Gott segne und behüte uns
wenn die Wasser der Verzweiflung über uns
zusammenschlagen
wenn das Dunkel undurchdringlich erscheint
dass wir das rettende Ufer erkennen und erreichen

Gott segne und behüte uns
heute und morgen
in Fest und Alltag
in Kampf und Muße.

So segne und behüte uns
der Gott von Miriam und Debora
von Hagar und Sara
von Rahab und Ruth
und allen unseren Vormüttern im Glauben
jetzt und allezeit.
Lasst uns im Frieden gehen.
Amen

BRIGITTE ENZNER-PROBST

vergehen
erblühen

Lebensatem

Gott habe Erbarmen mit mir, und er sage mir Segen und Heil; er lasse sein Antlitz leuchten über mich, und er habe Erbarmen mit mir. Preis und Heil sage hinwiederum ihm in aller Aufrichtigkeit und Wahrhaftigkeit mein Herz. Vom Angesicht des Herrn werde erschüttert das Erdreich meines Herzens, und im Lebenshauch seines Mundes werde wiedererschaffen und neugemacht der Atem meines Lebens: auf dass mich auf rechten festen Boden führe sein lebenspendender Geisthauch, der gut ist.

GERTRUD VON HELFTA, EXERCITIA SPIRITUALIA, 1

Ankunft von Leben

Entreiße den Tag
der Vergänglichkeit
den Augenblick
eh er vergeht
Sei in ihm
Nimm den Duft der Rose wahr
ein Wort
scheinbar so hingesagt
Vernimm den Amselsang
Den Geruch
eines Frühsommerabends genieße
Lass die Nacht
mit dem Vollmond im November
und das lautlose Geflüster
der Schneeflocken
nicht andachtslos vorüberziehen
Was du wahrnimmst
bleibt dem Erinnern
Vergehen?
Stetige Ankunft von Leben

THERESIA HAUSER

Training

Mit dem Schlimmsten leben lernen
als wäre es schon geschehen

Weiteratmen
– wenn im vollgestopften Aufzug alle
jünger sind als du
– wenn du im Schaufensterglas das Gesicht
einer alten Frau erkennst: deines

Dem Sensenmann eine Fratze schneiden
wenn er über die Fensterscheiben leckt

Runter
von der Überholspur

Das eigene Gewissen erforschen
nicht das der anderen

Erinnerungen
füttern wie Vögel im Winter
damit sie noch einmal singen
als wäre es wieder Sommer
und Juni und du so nah
daß ich dich atmen höre
ihrem ohrenbetäubenden Zwitschern zum Trotz

Die Taue kappen, eins nach dem anderen
ehe das Schiff hinaustreibt aufs Meer

Alle Farben der Welt versammeln
im Weiß unserer Haare

ULLA HAHN

Meine Dünnhäutigkeit

Ich höre
den Blutstrom meines Körpers
das Pochen meines Herzens
wie nie zuvor
als sei ich selbst
nur Strom und Schlag

Ich höre
die Stimme der Erde
das Säuseln der Luft
und den Atem alles Irdischen
ganz eigentümlich nahe
fast ohne Trennwand

Meine Füße stehen
Haut an Haut auf dem Boden
und das Kribbeln in ihnen
wird zum Echo der Erde

Meine Haut
ist dünn geworden

ANGELA BERLIS

Segen für eine an Depression Erkrankte

Du wohnst inmitten von Blüten und Blumen
Du spürst nur Kälte und Dunkelheit

Dich umhüllen Bänder der Freundschaft
Du siehst nur Risse und Spalten

Dein Haus hat Türen zur Zukunft
Du rüttelst nicht
Du sagst: Sie sind verschlossen

Wie eine leise Melodie
soll Gottes Segen schwingen
durch Deine gebrochene Welt!

Wie ein leichter Lufthauch
soll Gottes Segen verbinden
Deine zerrissene Welt!

Wie ein zartes Berühren
soll Gottes Segen öffnen
Dein Herz für Sonne und Blumen!

Dein Glaube an dich selbst
wird in Dir sich regen!
Du fängst ein den Lichtstrahl des Mutes,
der verloren ging!

HANNA STRACK

Kräftewechsel

Die Kraft der Natur ist sichtbar in ihrer ganzen Fülle.
Leuchtend. Bunt. Kräftig und weich zugleich.
Ein Feuerwerk der Farben, bis die Blätter fallen und nichts mehr übrig ist als kahle Äste, ein paar Lauchstangen in der furchigen Erde und der Geruch von Vergänglichkeit.

Herbst. Zeit des Übergangs, bis es Winter ist. Dann sehen die Bäume aus wie tot. Die Erde erscheint leblos. Doch sie ruhen nur. Haben das Leben ganz in sich zurückgenommen, konzentrieren ihre Kraft.

Die Natur ist eine kluge Lehrerin. Mit ihr begreifen wir jedes Jahr wieder: Kein Mensch kann immer blühen und Frucht bringen. Der Herbst ermutigt uns, den Wechsel der eigenen Kräfte von außen nach innen zuzulassen.

EVA-MARIA KLEISZ

Altjahrsabend

sich noch mal
am Geglückten erfreuen
Schmerzhaftes betrauern
Zumutungen von fern betrachten
aus Ärger Kraft sammeln

Gewesenes
dankbar zurücklassen
Unvollendetes
in größere Hände legen

frei werden vom Vergangenen
für das Neue

ANDREA REHN-LARYEA

Dies lange Jahr deiner Krankheit

Dies lange Jahr unterm Zweifel
das Kürzer-Treten, der leisere Atem
der Betrug
der Magier wird kommen, er berührt
und die Musik fängt von vorne an
mit neuen Instrumenten.

Dies lange Jahr im Angesicht der Wahrheit
tagaus, tagein
die Anstrengung, eine andere Möglichkeit
wenigstens zu denken
der Magier wird kommen
eine Geste nur
und das Stück beginnt noch einmal
mit einem anderen Ende.

Der Magier wird kommen
wir haben dem Wunder seiner Hände
vertraut all die Jahre
haben wir nicht laut genug geschrien?
Haben wir nicht fest genug geglaubt?

Warum zeigt er sich nicht?

In diesem Jahr des abnehmenden Lichts
weiß ich nicht, wie du dich beweist
wenn ich dich nicht mehr glaube
weiß ich nicht, wie du kommst
wenn du dich entfernst
weiß ich nicht, wie du bei uns bist
wenn du uns verlassen hast.

Ich weiß nur, dass ich weitergehe
auch wenn es dunkel wird in diesem Jahr.

Weitergehe ohne dich?

REINHILD TRAITLER

Unterricht

Jeder der geht
belehrt uns ein wenig
über uns selber.
Kostbarster Unterricht
an den Sterbebetten.
Alle Spiegel so klar
wie ein See nach großem Regen,
ehe der dunstige Tag
die Bilder wieder verwischt.

Nur einmal sterben sie für uns,
nie wieder.
Was wüßten wir je
ohne sie?
Ohne die sicheren Waagen
auf die wir gelegt sind
wenn wir verlassen werden.
Diese Waagen ohne die nichts
sein Gewicht hat.

Wir, deren Worte sich verfehlen,
wir vergessen es.
Und sie?
Sie können die Lehre
nicht wiederholen.

Dein Tod oder meiner
der nächste Unterricht:
so hell, so deutlich,
daß es gleich dunkel wird.

HILDE DOMIN

Verwoben

Könnte es anders sein
als dass dein Sterben
mich meinem
näher bringt

Könnte es anders sein
als dass mein Leben
dich deinem
hier erhält

Denn du hast
meine Geschichte
hast ein Stück von mir
mitgenommen in den Himmel

Denn ich habe
deine Geschichte
habe ein Stück von dir
zurückbehalten auf der Erde

CHRISTINA BAMBERGER

Weihnachten – ohne

leerer Platz
im Weihnachtsraum
gespielte Fröhlichkeit
salziges Lächeln
immer wieder
der Blick
nach innen
Bilder, Erinnerungen

Kerzenlicht flackert
Schleier fort
blinzelt
in die Gegenwart
heute Geburt
hier neues Leben
mit dem »ohne« feiern

in der Leere
keimt zaghaft
Sehnsucht nach Heilung
durch den neugeborenen
Heiland
hier und heute
um dieses konkrete
kleine Stückchen Welt
zu erlösen

ANDREA REHN-LARYEA

Ein Lob auf den Kompost

»Wie kann das Befreiende und Heilende wachsen
in mir, meinen Beziehungen, in der Welt?«, fragte die Frau.

Das Eine ist das Handeln und Planen.
Der Wille, etwas verändern zu wollen.
Die Offenheit und Bereitschaft zu kämpfen,
Dunkelheiten zu durchschreiten, Prozesse zu durchleben.

Das andere ist das Ruhenlassen,
ablegen, sein und wirken lassen – wie beim Kompost:

Es gibt Prozesse, die wirken im Innern,
Gärungs- und Umwandlungsprozesse.
Da wirkt die Weisheit im Kleinsten und in der Tiefe.
Da wächst aus Vergangenem und Verdorbenem
eine neue Lebenskraft.
Da geschieht – fürs Auge verborgen –
Verwandlung und Neubeginn.

Dann ist das Lassen mehr als das Tun.
Ein mutiger Akt des Vertrauens.

BARBARA LEHNER

Auferstehung

nicht manchmal
sondern einmal
damals
konkretes Datum,
Stunde, Tag, Ort
nichts wird vergessen
alles bleibt frisch in Erinnerung
jederzeit abrufbar
keine Einzelheit verschwimmt,
selbst wenn Jahre darüber vergehen

nicht dieselbe geblieben danach
die Welt mit anderen Augen gesehen
sich selbst mit anderen Augen gesehen
das Leben heißer geliebt
den Tod weniger gefürchtet
mehr wissen worum es im Leben geht
nur die Liebe zählt

sich eingebunden wissen
in diese und in die andere Welt
die nicht im Jenseits liegt
sondern mitten im Jetzt
die jederzeit durchscheinen kann
mich unsichtbar trägt
bergendes Licht

ULRIKE METTERNICH

Ein blühender Segen

Da blüht dir was,
wenn Gott Ernst macht mit seiner Zusage,
dich so zu nehmen, wie du bist,
mit dir zu gehen durch Dick und Dünn,
bei dir zu bleiben in den Dunkelheiten deines Lebens.

Wenn du Gott beim Wort nimmst mit seiner Ansage
»Seht, ich mache alles neu«,
wenn du dem Geheimnis des Glaubens über den Weg traust
und dich verwandeln lässt.

Da blüht dir was: reicher Segen!

ANDREA KETT

verheißen
erfüllen

Aufmerksamkeit

Eine heilige Aufmerksamkeit sollen wir für uns selbst haben
und zu jeder Stunde in uns tragen,
dass wir uns vor Gebrechen bewahren.

Eine liebevolle Aufmerksamkeit sollen wir für unsere
Mitmenschen haben,
und falls sie falsch handeln, es mit ihnen allein und
wohlmeinend besprechen.

So könnten wir uns manch unnütze Rede ersparen.
Amen.

MECHTHILD VON MAGDEBURG

Samenkorn

Das Samenkorn in meiner Hand ist wie eine neue Möglichkeit für etwas, das ich kenne, aber nicht ganz und nicht in allen Facetten. Dieses Gefühl ist nicht an Jahreszeiten gebunden und nicht an den Garten.

Jeder Tag ist am Morgen wie ein Samenkorn in meiner Hand. Die Pflanze ist manchmal schon bekannt: das was mich erwartet, was ich vorhabe, auf was ich mich freue und was ich befürchte. Es gibt Tage und Vorhaben, die gleichen eher einer praktischen Nutzpflanze, andere lassen uns auf Blumen hoffen oder es warten »Wildkräuter« auf uns.

Ich möchte den Tag verheißungsvoll sehen. Ich möchte den Morgen in den Tag hinein loslassen, in den Tag hineingehen, vertrauensvoll losgehen, ohne ganz sicher zu sein, was wird. Ich möchte das Samenkorn riskieren, das ich ja auch selber bin.

CLAUDIA NIETSCH-OCHS

Wir sind Kirche

Wie Israel in der Wüste
unterwegs –
eine pilgernde Kirche,

wie Maria in Nazaret
horcht –
eine hörende Kirche,

wie die Frauen in der Nachfolge Jesu
sorgen –
eine dienende Kirche

zu sein,
wäre gut.

Wir sind Kirche,
herausgerufen
aus der Welt
und hineingesendet
in die Welt.

Wir pilgern –
sind noch nicht am Ziel,
wir hören –
haben wenig Worte,
wir dienen –
machtlos.

Das ist verheißen.
Erfüllt
noch lange nicht.

MARIE-LUISE LANGWALD

Liturgie

Feiern, was die Erde hergibt und was der Himmel schickt.
Auftauen, wenn innen alles erstarrt ist.
Gesättigt sein, wenn der Magen knurrt.
Milch mit Honig schmecken, wenn es nichts mehr zu beißen gibt.
Heilende Worte hören, wenn frau sich nichts mehr zu sagen hat.
Schreien können, wenn Bosheit den Verstand betäubt.
Lieder singen, wenn alles im Schmerz versinkt.
Sehnsucht spüren, wenn frau alles schon hat.
Schweigen suchen, wenn das Heilige erscheint.
Wo mehr ist, als Menschen können, wollen, müssen oder dürfen,
öffnen sich Gräber und der Tod ergreift die Flucht.
Mütterlicher Gottesatem spendet Leben.
Halleluja!

AURELIA SPENDEL OP

Auferstehung

Manchmal stehen wir auf
Stehen wir zur Auferstehung auf
Mitten am Tage
Mit unserem lebendigen Haar
Mit unserer atmenden Haut.

Nur das Gewohnte ist um uns.
Keine Fata Morgana von Palmen
Mit weidenden Löwen
Und sanften Wölfen.

Die Weckuhren hören nicht auf zu ticken
Ihre Leuchtzeiger löschen nicht aus.
Und dennoch leicht
Und dennoch unverwundbar
Geordnet in geheimnisvolle Ordnung
Vorweggenommen in ein Haus aus Licht.

MARIE-LUISE KASCHNITZ

Maria von Magdala

Manchmal seh ich dich vor mir
wie dich die Botschaft vom Leben
hüpfend und tanzend wegtrug vom Grab
und ich frage mich, wer wohl zuerst
in deinen noch tränennassen Augen
verwunderten Jubel las und in der Spur deiner
abgewischten Trauer die helle Freude.
Dann stell ich mir vor, ich wär dir begegnet,
mir hättest du dein »Er lebt!« ins ungläubige
Herz gelacht und in schmerztaube Ohren dein
Lebenslied gejubelt.
Und ich spür, wie mein Puls zu hüpfen beginnt,
wie dein unwiderstehlich strahlender Blick
durch Angst und Zweifel hindurch
mich leise mit Hoffnung ansteckt.
Und während ich in deinen Augen noch
nach dem Grund deiner Klarheit suche,
sehe ich plötzlich den,
dessen lebenserweckender Blick
in dir selbst neues Leben entfacht hat.

SUSANNE RUSCHMANN

Begegnung

Wenn der Atem leicht wird das
Herz schlägt in den Worten
Wenn sie sich füllen wie ein Glas
mit rotem Wein

Wenn wir nach langem Irren den
Durst nach Verstehen stillen Uns
wieder und anders finden im
Gegenwärtigsein können wir
Auseinandergehen

Der Abschied schmeckt
nach Wiedersehen

Lass dauern, Gott
was Du geschenkt

THERESIA HAUSER

advent

vertrauen wie elisabeth
und dem leben eine chance geben

zweifeln wie zacharias
und überrascht werden

träumen wie josef
und geführt werden

ja sagen wie maria
und mit gott schwanger gehen

hoffen wie die hirten
und im unscheinbaren gott entdecken

ausschau halten wie die sterndeuter
und bei gott ankommen

geduld haben wie simeon
und dem heiland begegnen

der verheißung trauen wie hanna
und gott loben

weihnachten

INGA SCHMITT

begegnungen

sprechende gesichter
lassen
die hoffnung ahnen
aus der menschen leben

verstehende blicke
lassen
die freude aufbrechen
die unser leben hell macht

segnende hände
lassen
die kraft spüren
die unser leben trägt

heilende worte
lassen
die liebe erkennen
die alles umgibt

ANNETTE SCHULZE

Die Auferstandenen

Wo sind die Auferstandenen
Die ihren Tod überwunden haben
Das Leben liebkosen
Sich anvertrauen dem Wind
Kein Engel verrät ihre Spur

ROSE AUSLÄNDER

Mich dem Leben in die Arme werfen

Wir sind auf der Suche
nach einer Kraft,
die uns aus den Häusern,
aus den zu engen Schuhen
und aus den Gräbern treibt.

Aufstehen und
mich dem Leben in die Arme werfen -
nicht erst am jüngsten Tag,
nicht erst, wenn es nichts mehr kostet
und niemandem mehr wehtut.

Sich ausstrecken nach allem,
was noch aussteht,
und nicht nur nach dem Zugebilligten.
Uns erwartet das Leben.
Wann, wenn nicht jetzt?

LUZIA SUTTER REHMANN

verweilen
unterwegs sein

Ohne Landkarte

Geht in euren Tag hinaus ohne vorgefasste Ideen,
ohne die Erwartung von Müdigkeit,
ohne Plan von Gott,
ohne Bescheidwissen über ihn,
ohne Enthusiasmus,
ohne Bibliothek –
geht so auf die Begegnung mit ihm zu.

Brecht auf ohne Landkarte –
und wisst, dass Gott unterwegs zu finden ist,
und nicht erst am Ziel.
Versucht nicht, ihn nach Originalrezepten zu finden,
sondern lasst euch von ihm finden
in der Armut eines banalen Lebens.

MADELEINE DELBRÊL

Ich-bin-da

barfüßiges
nächtliches Weinen
erwachte Kinderangst

kleines Licht
zärtliche Gesten
Trost spendende Worte
geheimnisvolle Verbindung
mit tiefster Wahrheit:
hab keine Angst
ich-bin-da

als kurzer Weg zwischen dir und mir
eine für dich offene Tür
als tröstendes Licht in der Dunkelheit
nächtlichen Hunger und Durst stillende Kost
als Verbindung haltende Nähe bei Nacht
als Hüterin deines Schlafes
behutsamer Wecker am Morgen

Wo immer du stehst
ein besonderer Ort
ich-bin-da

ANDREA REHN-LARYEA

Zuhause

Unser Haus – 140 m² Leben: mit Bedacht das Grundstück ausgewählt, mit Begeisterung jede einzelne Fliese gekauft, ein mulmiges Gefühl im Bauch, viel Geld im Spiel. Jede freie Minute reingesteckt, immer wieder umgebaut, den familiären Bedürfnissen angepasst. Und dennoch ein Stück Stabilität bei all den Veränderungen, ein Zuhause.

Kinder wurden geboren, aus zwei wurden drei. Lautes Toben im Garten. Planschbecken an heißen Sommertagen, überall Sand, Eisflecken auf dem Sofa. Was soll's? Wenn die Kinder groß sind, kaufen wir uns was Richtiges.
Da wo gestern noch Berge von Legosteinen auf dem Teppich lagen, hängt plötzlich ein »Zutritt verboten«-Schild an der Zimmertür. Heimliches Rascheln, bevor der Schlüssel umgedreht wird. Himmelhoch jauchzend, zu Tode betrübt, knallende Türen, »Mama, kannst du mal eben …«.
Abitur, Auslandsaufenthalt, Auszug, Kloß im Hals. Aus Kindern werden Leute und aus Kinderzimmern schließlich Gästezimmer, falls die Kinder zu Besuch kommen.
Fröhliche Feste hat das Haus erlebt, liebevoll dekorierte Erstkommuniontafeln, spontanes Grillen auf der Terrasse, Geburtstage mit Piratenkuchen und Kirschkernweitspucken – und jetzt sitzen wir immer häufiger zu zweit am Tisch mit Portionen für fünf.

Das Haus wird leerer, freier vielleicht für heimlich gehegte Wünsche. Wir könnten ein Musikzimmer einrichten, eine Bibliothek, eine Sauna. Viel Raum für uns als Paar.

Verlockend, aber das Tischgebet klingt komisch. Leiser, hallt nach. Rituale müssen neu gedacht werden. Eine Aufgabe, lösbar.

Unser Haus bleibt ein Zuhause, für fünf oder zwei. Denn: »Wo zwei oder drei in meinem Namen versammelt sind, da bin ich mitten unter ihnen.«

ANDREA KETT

Reisen mit leichtem Gepäck

Wer von uns wünscht sich nicht den Himmel auf Erden?
Wir suchen ihn an den verschiedensten Orten.
Wir nehmen Mühen und weite Reisen auf uns,
um ihn zu finden.
Er ist schon da, sagt uns Jesus,
der Himmel,
nach dem wir uns sehnen,
ist schon ganz nah.
Um ihn zu erreichen braucht es nicht viel.
Kein Geld, keine Tasche, kein zweites Gewand.
Nur ein offenes Herz.

Dann kommt der Himmel in Sicht.

HILDEGARD ANEGG

Reisepläne

heute werde ich für mich sorgen
und von ort und stelle gehen

ich werde den platz der ermüdung verlassen
und mich von den straßen der gewöhnung verabschieden
ich werde mir ein warmes wort überstreifen
dem wind meine locken entgegenschütteln
und proviant für lange dabei haben
ich werde mein bündel wetterfest schnüren
allen verbleibenden mut in die landkarte rollen
und den geträumten weg wirklich einschlagen

ich werde mich nach der sonne richten
meinem inneren kompass trauen
und das neue land in augenschein nehmen

MARTINA KREIDLER-KOS

Mitten am Tag

Halt an,
schau dich um,
wo stehst du?

Halt an,
richte dich aus;
Schau in jede Richtung,
die dir als Möglichkeit winkt.

Halt an,
du bist nicht die Mitte,
aber du kannst in der Mitte sein.

Halt an,
spür in den Füßen,
was trägt,
spür bis in die Haarspitzen,
was dich aufrichtet.

Und dann
geh den nächsten Schritt.

CLAUDIA NIETSCH-OCHS

Bei einer Tasse Espresso

Pause. Abstand nehmen. Distanz schaffen zur Arbeit, mit der ich gerade befasst bin.
Ich schalte die Espressomaschine ein, rieche den frisch gemahlenen Kaffee, den vertrauten Duft nach Wärme und Ferne.
Ein paar Handgriffe wollen mit Sorgfalt getan sein: Kaffeepulver in den Brühkopf in die Maschine einsetzen. Ist mir je aufgefallen, wie viele Bewegungen meine Hände in den wenigen Handgriffen ausführen?
Der Espresso schäumt in der Tasse. Schon fertig. Das Tässlein lässt mich an jene Urlaubsmomente denken, die sich zeitlos und ungeschäftig breit machen durften.
Ich nehme einen Schluck: heiß, schwarz, kaffeeherb. Der Geschmack des Espresso neckt meinen Gaumen. Was ist das? Bitter oder süß oder sauer oder …? Der helle Schaum kühl, das flüssige Schwarz heiß. Alles zusammen auf einmal.
Mit der Tasse in der Hand trete ich ans Fenster und schaue in den Garten. Das Spätsommergrün feiert ein Fest. Jetzt sehe ich dieses Grün. Das Grün von heute. Rasengrün, Buschgrün, Baumgrün. Farbtöne zwischen Hasel, Holunder und Eibe. Meine Augen weiden sich an diesem Grün.
Der letzte Schluck. Gleich geht es zurück an die Arbeit.
Noch einen Augenblick innehalten und – dankbar sein für die kleinen Dinge: für den Espressogenuss, für einen Blick in den Garten, für die Arbeit, mit der ich gerade beschäftigt bin.
Und dafür, dass ich meine Arbeit tun kann.

HILDEGARD KÖNIG

Genug ist genug

»Es ist, wie es ist.« »Mehr nicht?« »Nein, mehr nicht.« »Wie kläglich!« flüstert die Stimme. Sie hat recht. Glaubt man, was zu glauben verlangt ist, hat sie recht. Mehr muss es sein, mehr als genug. Weiter muss man und über sich hinaus. Lösen, was bindet und hält. Halten ist anhalten. Und anhalten ist verlieren – die eigenen Möglichkeiten, den Anschluss, die Zukunft, die mehr verlangt als alles, was ist.
»Es ist, wie es ist« – es ist kein Einverständnis, aber ein Innehalten und Prüfen, was man wollte und was möglich ist; die Fähigkeit, hinzunehmen, was nicht gelang, und nicht gering zu schätzen, was gelang. Zu Hause sein, bei sich, aber mit offenen Türen. Hinausgehen ist ein Teil davon. Heimkehren auch.

SILVIA STRAHM

Schön wär's

Schön wär's
Meinen Platz finden
und ankommen
Heimat nehmen
und zu Hause sein

Schön wär's
wo alle Fragen aufgehoben sind
und das Suchen ein Ende hat
wo Finden beginnt
und Antworten fallen

Schön wär's
einfach sein
und Ich werden
in Dir geborgen
und neu aufbrechen

ins Leben – schön wär's

INGA SCHMITT

Jetzt

Ich bin in Gedanken
schon dort wo ich
morgen sein werde
Mit meinen Gedanken
renne ich mir davon

Ich bleibe stehen
spüre meinen kurzen Atem

Ich will zu mir kommen
dahin
wo meine Füße sind

ANNE STEINWART

geleit

du gefällst mir und ich lächle
über die zeiten hinweg
verwunderlich
deine gegenwart fällt mir ins herz
wird noch einmal erdenschwer
und gräbt ihre feinen wurzeln
in meine fragende seele

zeit setzt sich in bewegung und ich wachse
an dem was ich in mir trage
unmerklich
bis mich ein zarter duft streift
der ohne dich nicht bei mir wäre
und ich die erste blüte bemerke
die mich zu einer reicheren macht

im erinnern liegt stärke und ich beginne
der kraft von verbindung zu trauen
möglich
dass du mir tatsächlich geleit gibst
mich weisheit eigensinn mut lehrst
und ich deine geschichte beim wort nehme
um meinem leben gestalt zu geben

MARTINA KREIDLER-KOS

Manchmal muss ich mich suchen gehn …

Manchmal muss ich mich suchen gehn,
damit ich nicht ersticke
im Berg der Arbeit.

Manchmal muss ich mich suchen gehn,
damit ich mich nicht verliere
im Irrgarten der Gedanken.

Manchmal muss ich mich suchen gehn,
damit ich wieder glauben kann
in den Zweifeln meiner Nächte.

Manchmal muss ich mich suchen gehn,
damit ich wieder sehe
in dem Nebel meiner Wünsche.

Manchmal muss ich mich suchen gehn,
damit ich mich wieder höre
in der Wirrnis der Stimmen.

Manchmal muss ich mich suchen gehn,
damit ich mich wieder öffne
für die Welt,
für den anderen,
für Gott.

Manchmal muss ich mich suchen gehn,
damit ich wieder ich selber bin
und nicht nur ein Schatten.

HANNI NEUBAUER

Blicke nicht zurück …

Blicke nicht zurück, sagt die Frau des Lot. (Gen 19,26)
Es könnte dir wie mir ergehen.
Du könntest erstarren, zur Salzsäule werden.
Wer gehen muss, muss vorwärts schauen –
in die Zukunft oder zumindest
auf den nächsten Schritt.

Blicke nicht zurück, mahnt sie.
Wenn du überleben willst,
vergiss das Vergangene
und seine Schrecken – jetzt jedenfalls.
Wenn du zurückblickst,
wird es dich lähmend festhalten
in den Klauen der Angst.

Blicke nicht zurück, nicht jetzt, flüstert sie.
Jetzt gilt es fortzugehen, zu flüchten,
die eigene Haut zu retten und das dir Liebe.

Später, erst wenn du in Sicherheit bist,
werden Tränen fließen.
Dann wirst du das Salz auf deiner Zunge schmecken.
Dann wirst du dich erinnern und seufzen.
Wirst erkennen, die Gefahr und was du zurücklassen musstest,
und wirst zittern und weinen.

Jetzt aber geh. Geh ohne Zögern.
Geh weiter, immer weiter. Und blicke nicht zurück!

BARBARA LEHNER

Die Berufung des Herzens,
Wunde zu sein.

Das Herz,
der gefesselte Flüchtling
will herausspringen
aus dieser Berufung.

Du, Flüchtling,
lass dich fesseln
von der Liebe.

Bleib!

Bleib und glaube
an das Glück
in den Wunden der Liebe.

Und du, entflohenes Herz,
komm zurück!

Denn du bist heimatlos
außerhalb der Liebe.

Komm zurück!

NELLY SACHS

Fahrrad-Spiritualität

»Immer weiter!« sagst du zu uns
in allen Kurven des Evangeliums.
Um die Richtung auf dich zu behalten,
müssen wir immer weitergehen,
selbst wenn unsere Trägheit verweilen möchte.

Du hast dir für uns
ein seltsames Gleichgewicht ausgedacht,
ein Gleichgewicht,
in das man nicht hineinkommt
und das man nicht halten kann,
es sei denn in der Bewegung,
im schwungvollen Voran.

Es ist wie mit einem Fahrrad,
das sich nur gerade hält, wenn es fährt;
es lehnt schief an der Wand,
bis man es zwischen die Beine nimmt
und davonbraust.

MADELEINE DELBREL

fbrechen

Sehnsucht nach Wachstum, Sehnsucht nach Mehr, Sehnsucht nach Heil:
Meine Gedanken kreisen, meine Füße zögern, mein Herz ist unruhig.
Ich spüre eine Verheißung, die mich antreibt und in Spannung hält.
In mir wächst eine Ahnung, vor mir zeigt sich ein Weg,
noch im Nebel der Ungewissheit, aber auch im Licht der Verheißung Gottes:
»Brich auf, geh! Nur wenn du zurücklässt, was dich kettet,
wirst du mich und auch dich selbst finden!«
Ich zögere. Was wird mir begegnen? Was wird auf mich zukommen?
Ich öffne Augen und Sinne und spüre:
Nur im Vertrauen auf die Liebe, die mir vorangeht und die mir folgt,
die mich hält und die mich stärkt,
die mich Mühsal ertragen lässt und keinen Ruhm sucht,
kann ich meine Schritte auf diesen Weg setzen,
von dem ich jetzt nicht weiß, welche Wirkung er auf mich hat.
Ich breche auf, lasse zurück, was mich festhält und bindet:
Sorgen und Gewohnheiten des Alltags,
Vertrautes, Bewährtes, Sicheres.
Ich suche den Weg, die Liebe wird mit mir gehen.

MAGDALENA BOGNER

Stein des Anstoßes

Manche Stolpersteine
geben sich im Nachhinein
als kluge Wegweiser zu erkennen.
Unausweichlich
führen sie einen fälligen
Richtungswechsel herbei,
rütteln verschlafene Gewohnheiten
unsanft wach,
verändern die Sichtweise
auf Gott und die Welt,
schärfen den Blick für die Sackgassen
der Bequemlichkeit,
schaffen Aufmerksamkeit
und schmerzliches Bewusstsein
für die eigene Unvollkommenheit.
So gesehen sind sie – hoppla – ein Segen!

ANGELIKA WOLFF

Geht!

Geht
und lobt sie mit aufgeräumter Seele,
lobt sie mit atmendem Leib,
lobt sie mit lachendem Mund,
mit träumendem Herz und fliegendem Haar –
noch und noch!

Geht
und lobt sie mit gefüllten Tomaten,
lobt sie mit geteilten Tischen,
lobt sie mit wilden Gärten,
mit verschlungenen Büchern und gestauten Bächen –
noch und noch!

Geht
und lobt sie mit pochenden Wünschen,
lobt sie mit guten Gesprächen,
lobt sie mit beseelten Tänzen,
mit gelüfteten Betten und gastlichen Balkonen –
noch und noch!

Geht
und lobt sie mit Fahrradtouren,
lobt sie mit Wassertreten,
lobt sie mit Wanderschuhen,
mit Liebesnächten und Lagerfeuern –
noch und noch!

JACQUELINE KEUNE

zweifeln
glauben

Maria

Es ist zuweilen schwer, nicht zu verstehen. Das Leben, das man in sich trägt, zu akzeptieren, ohne seinen Ursprung zu kennen. Die Bewegungen zu spüren, die dich beleben, ohne zu wissen. Von Freude oder Schmerz getroffen zu werden, ohne diesen Moment vorauszusehen noch zu wählen. Sich bereit für ein Ereignis zu halten, dessen Fälligkeit einem entgeht. Sich von einem Vorbeikommen zeichnen zu lassen, dessen Fruchtbarkeit man nicht kennt. Schwer, Maria zu bleiben, mögliche Mutter Gottes, ohne es wirklich gewollt noch erwartet zu haben.

LUCE IRIGARAY

Aufmerksamkeit

Die Aufmerksamkeit ist nicht nur der wesentliche Gehalt der Gottesliebe.
Die Unglücklichen bedürfen keines anderen Dinges in dieser Welt als solcher Menschen,
die fähig sind, ihnen ihre Aufmerksamkeit zuzuwenden.
Die Fähigkeit, einem Unglücklichen seine Aufmerksamkeit zuzuwenden,
ist etwas sehr Seltenes und sehr Schwieriges geworden;
sie ist beinahe ein Wunder;
sie ist ein Wunder.

SIMONE WEIL

Sind wir wirklich nach deinem Bild gemacht?

Sind wir wirklich nach deinem Bild gemacht?
Teilst du mit uns das krebsanfällige Fleisch
die Zerstörung, die sich ausbreitet
in unserem inneren Land?

Teilst du mit uns
das Geschundensein bis in die letzte Faser?
Hängen in deinem Röntgenbild
zwischen Rippen und Lunge
auch die Schläuche
durch die das Gift gejagt wurde?
Und wachsen gegen die Halswirbel
dunkler die Schatten der Tumore
diese Bedrohung bis zum Tod?

Teilst du mit uns
die trostlos blanke Wirklichkeit des Unglücks
und die zynische Besserwisserei derer
die sagen: selber schuld.
»Haben Sie schon einmal nachgedacht,
warum Sie Krebs haben?«

Ach, weißt du überhaupt
wie zerbrechlich der Widerstand für das Leben ist?
Wir zerschellen an der Gewalt.

Und ist deine Seele wie unsere, angewiesen auf
Hoffnung
und voller Verlangen danach, alt zu werden
an der Hand des Geliebten?
Sind wir wirklich nach deinem Bild gemacht?

In memoriam Ruth Egloff

REINHILD TRAITLER

traurig

die wut
ist gewichen
hat platz gemacht
der traurigkeit und trauer
ich steh
am grab
meiner liebe und ehe
meiner träume und hoffnungen
von glück zu zweit und geborgenheit
von nichts-kann-uns-trennen
und gemeinsam-alt-werden
ich weine
und weine
und weine
und bleibe
traurig
am grab
stehen
wann
kommt
ostern

INGA SCHMITT

Regenbogen

Könntest du reden, du Regenbogen,
wie würdest du sie erzählen,
die alte Geschichte von der großen Flut,
in der so viel Leben erstarb,
in der nur überlebte, wer – wie Noah – im Bunde blieb
mit dem Schöpfer des Lebens,
im Bunde mit Ursprung, Mitte und Ziel
allen Lebens,
Wer liebte sie nicht,
diese Geschichte vom rettenden Gott,
der mitten im Untergang Leben bewahrt,
der im Bunde bleibt mit allem, was er erschuf,
der die Zukunft rettet für jegliche Kreatur
durch zwei und zwei jeder Art,
und der sich selbst zum Bundespartner erklärt,
zum verlässlichen Hüter des Bundes
mit allem, was lebt,
der die Urkunde für den Bund mit der Erde
signiert mit allen Farben des Lichts,
der sie über- und unterschreibt mit dir, Regenbogen,
Versöhnungszeichen aus siebenfarbigem Licht.

Wenn ich ihn meditiere, den Regenbogen,
dann finde ich Staunen und Freude in mir,
zugleich aber Fragen und Zweifel:
Verspricht er nicht mehr als er hält,
jener kurzlebige Bogen aus Licht?
Er schwindet, er legt sich nicht fest,

er bietet sich keinem Fuß als Brücke dar,
keiner Hand als verlässlicher Halt.
Wie rechtskräftig ist seine Signatur,
seine Bundesurkundenunterschrift?

Denn wenn wir selbst ihn brechen, den Bund,
wenn wir selbst zerstören Wasser und Luft,
die Vielfalt des Lebens
bei den Geschöpfen der Erde,
die Kraft der Menschen
zu Wachstum und Reife,
zu Wahrheit und Liebe?
Gilt er auch dann noch, der Bund?
Strahlt es dennoch, das siebenfarbige Licht?
Ist es stärker als das Dunkel unserer Schuld?

Wenn ich ihn meditiere, den Regenbogen,
dann wächst mir aus Wolke und Licht
ein anderes Zeichen,
das Zeichen des Kreuzes,
des Bundes von Golgota,
und ich weiß:
Gottes Bogen ist weiter als unsere Schuld,
Gottes Licht besiegt unser Dunkel,
ist stärker als jedes menschliche Nein,
entfeindet am Ende jeglichen Feind,
führt den Menschen
zum Bund mit sich selbst,
zum Bunde mit allem Lebendigen,
zum Bunde mit dir, dem Lebendigen,

zum ewigen Bund im ewigen Leben.

Wie sollte ich solch einem Gott
nicht vertrauen,
solch einen Bund nicht besingen?

SR. CHRISTHILD NEUHEUSER

Eine Vertrauensaussage

Ich vertraue darauf, dass mein Leben SINN ergibt:
mein Leben als ein Teil des Bezugsgewebes Welt.
Sechseinhalb Milliarden Menschen, ungefähr, leben in der Welt,
zusammen mit unzähligen anderen Lebewesen.
Täglich gehen Menschen weg aus der Welt,
und täglich werden neue geboren.
Wir alle wollen gut leben.

Es ist schwer zu glauben, aber ich vertraue darauf:
Dieses unübersichtliche Ganze ergibt SINN.

Ich vertraue darauf, dass es Menschen gegeben hat und gibt,
die gut und sinnvoll im großen Bezugsgewebe gewirkt haben:
bezogen auf GOTT, das GUTE, die LEBENDIGE.
Sie haben genährt, was sie nährt, täglich überraschend,
wie JESUS VON NAZARETH,
liebevoll, ordnend, schöpferisch,
genüsslich und aufmerksam,
bis in den Tod
und über den Tod hinaus in immer neues LEBEN.

Ich vertraue darauf, dass GEISTKRAFT zwischen uns weht,
HEILIGE GEISTKRAFT.
Zwischen allen sechseinhalb Milliarden Würdeträgerinnen
und Würdeträgern,
zwischen so vielen verschiedenen Leuten,
die mit mir zusammen und mit unzähligen anderen
Lebewesen

die eine Erde bewohnen,
den einzigen Lebensraum, der uns geschenkt ist.
Ich vertraue darauf, dass HEILIGE GEISTKRAFT uns allen weiterhilft,
immer, wenn wir sie brauchen,
dass SIE weht, wo SIE will, und wo SIE nötig ist
zwischen uns und allen unseren VorfahrInnen und Nachkommen.

Amen

INA PRAETORIUS

Die ausgetretenen Wortwege
verlasse ich,
um einzutreten
in den Raum des Schweigens.
Warten will ich,
bis die Stille
das Laute überwächst
und ich ganz Ohr werde
für Deine Gegenwart.

ANTJE SABINE NAEGELI

Da sein

Für ein paar Minuten
alles liegen und stehen lassen

Zur Ruhe kommen
nichts anderes als nur da sein.

Im Hier und Jetzt
die Stille suchen.

Nach innen lauschen
nichts anderes als gegenwärtig sein.

Das Herz erheben
nichts anderes als nur empfänglich sein.

Zeit haben
für die immer anwesende Gottheit,
für das Verweilen bei ihr
und das bleiben in ihr.

Nichts anderes als sein
wo und wie ich bin.

IDA-ANNA BRAUN

Gottes Wille

Dein Wille geschehe ...
lässt sich so leicht sagen
getragen vom Rhythmus
des oft gesprochenen Gebets

Dein Wille geschehe ...
Worte herausgenommen
aus fließendem Text –
lassen mich stammeln

Dein Wille geschehe ...
fordert bedingungsloses
Annehmen und
Geschehenlassen

Dein Wille geschehe ...
ich öffne mich der Kraft
dieser Worte
übe Einverstandensein

GABRIELE BEERBAUM

Geist der Kraft, der Liebe und der Besonnenheit

Umbrüche in Kirche und Gesellschaft, lokal und weltweit, wecken Unsicherheit und Zweifel. Liebgewonnene Traditionen halten dem Leben nicht mehr Stand und werden aufgegeben. Strukturen sind nicht mehr tragfähig und werden umgebaut. Hoffnungen zerbrechen und wollen aus Fragmenten neu erstehen. Ein Aufbruch kündigt sich an, der hoffentlich nicht in Sackgassen endet, sondern in neue Lebensräume führt.

In Zeiten des Umbruchs ist visionäre Spiritualität gefragt. Im Zweifel glauben, in Ohnmacht der Lebensmacht Gottes vertrauen, in Resignation Tatkraft entwickeln. »Denn Gott hat uns nicht einen Geist der Verzagtheit gegeben, sondern den Geist der Kraft, der Liebe und der Besonnenheit« (2 Tim 1,7). Welch eine Verheißung!

Gott, Du Quelle allen Lebens: Segne unsere verwundete Kirche mit Deinem Geist der Kraft, die Verzagtheit in Mut verwandelt. Segne unsere bedrohte Schöpfung mit Deinem Geist der Liebe, die Tatkraft weckt und die Kunst des Teilens eröffnet. Segne unsere gefährdete Menschheit mit Deinem Geist der Besonnenheit, die nicht bitter macht, sondern frei.

HILDEGUND KEUL

Die Herausgeberinnen

Andrea Kett hat katholischen Theologie und Anglistik in Münster und Bangor/Wales studiert. Von 2005 bis 2009 war sie Geistliche Begleiterin im Bundesvorstand der kfd. Jetzt arbeitet sie als Referentin für den Fachbereich »Kirche in der Gesellschaft« im Bischöflichen Generalvikariat Aachen. Sie engagiert sich ehrenamtlich bei Andante, der Europäischen Allianz katholischer Frauenverbände

Hildegund Keul hat Germanistik und katholische Theologie in Trier, Jerusalem und Würzburg studiert und sich über die Begine und Mystikerin Mechthild von Magdeburg habilitiert. Sie leitet die Arbeitsstelle für Frauenseelsorge der Deutschen Bischofskonferenz und ist außerplanmäßige Professorin für Fundamentaltheologie und Vergleichende Religionswissenschaft an der Universität Würzburg.

Stichwortverzeichnis

Textnachweis

Der Verlag und die Herausgeberinnen danken allen Frauen, die uns Gebete zugesandt oder ihre eigenen Texte zur Veröffentlichung überlassen haben, und allen, die das Entstehen dieses Buches in irgendeiner Weise unterstützt haben.

Trotz intensiver Bemühungen ist es uns nicht gelungen, alle Rechteinhaber zu ermitteln. Wir bitten diese daher um Verständnis, wenn wir gegebenenfalls erst nachträglich eine Abdruckhonorierung vornehmen können.

Rose Ausländer
S. 122 aus: dies., Wieder ein Tag aus Glut und Wind. Gedichte 1980–1982. © S.Fischer Verlag GmbH, Frankfurt am Main 1986

Ingeborg Bachmann
S. 80 aus: Werke, Bd.4. Essays, Reden, Vermischte Schriften © 1978 Piper Verlag GmbH, München. *Die Überschrift wurde von Schwabenverlag vergeben. Originalüberschrift: Das Gedicht an den Leser*

Christina Bamberger
S. 96 aus: »Frauen.Leben.Beten. Persönliche Gebete von Frauen«, 174 Seiten, zahlreiche Farbabbildungen, 6,50 €, ISBN 978-3-7462-2777-1, St. Benno-Verlag

Giaconda Belli
S. 46 aus: Giaconda Belli, Wenn du mich lieben willst. Peter Hammer Verlag Wuppertal, Neuausgabe 2000.

Magdalena Bogner
S. 134 aus: Magdalena Bogner/Barbara Striegel (Hg.), Vertrauen in den Weg. Schritte im Labyrinth, © Schwabenverlag AG, Ostfildern 2007

Madeleine Delbrêl
S. 116 aus: Gebet in einem weltlichen Leben, übersetzt von Hans Urs von Balthasar und Cornelia Capol. Johannes Verlag Einsiedeln, Freiburg ^{6}2005, 31f

S. 133 aus: Dies., Der kleine Mönch, Ein geistliches Notizbüchlein, übersetzt von Bernhard Matheis © der deutschen Übersetzung: Verlag Herder GmbH, Freiburg im Breisgau, 10. Auflage 1995 © der Originalausgabe: © Éditions du Seuil, Paris (Originaltitel: »Alcide. Guide simple pour simples chrétiens« (1980), »La joie de croire« (1968))

Hilde Domin
S. 68 und 94 aus: dies., Gesammelte Gedichte. © S.Fischer Verlag GmbH, Frankfurt am Main 1987
Isabella Ehart
S. 62 aus: Mächtig lebendig. Frauenkalender 2009, © Schwabenverlag AG, Ostfildern 2008
Bettina Eltrop
S. 31 aus: Gehen, wohin dein Frageblick träumt. Frauenkalender 2008, © Schwabenverlag AG, Ostfildern 2007
Lisanne Enderli
S. 65 aus Frauenbilder. Hrsg. B. Eltrop, Reihe Frauen-Bibel-Arbeit © Verlag Katholisches Bibelwerk, Stuttgart 1998
Brigitte Enzner-Probst
S. 82 © Brigitte Enzner-Probst
Ulla Hahn
S. 86 aus: Ulla Hahn, So offen die Welt © 2004, Deutsche Verlags-Anstalt, München, in der Verlagsgruppe Random House GmbH
Theresia Hauser und Sieglinde Schmidt
S. 85 aus: dies., Das leere Haus © 2006, Kösel-Verlag, München, in der Verlagsgruppe Random House GmbH
Theresia Hauser
S. 81 und S. 109 aus: dies., Von dir berührt, © Schwabenverlag AG, Ostfildern 1999
Luce Irigaray
S. 138 aus: dies., Der Atem von Frauen. Christel Göttert Verlag 1997, S. 105
Toni Jordan
S. 14 aus: Toni Jordan: Tausend kleine Schritte © 2009 Piper Verlag GmbH, München
Die Überschrift wurde vom Schwabenverlag vergeben
Marie-Luise Kaschnitz
S. 107 aus: Marie Luise Kaschnitz: Überallnie. Ausgewählte Gedichte 1928–1965 © 1965 Claassen Verlag in der Ullstein Buchverlage GmbH, Berlin
Eva-Maria Kleisz
S. 90 aus: Wir leben vom Glanz. Frauenkalender 2007, © Schwabenverlag AG, Ostfildern 2006

Martina Kreidler-Kos
S. 28 aus: Wir leben vom Glanz. Frauenkalender 2007, © Schwabenverlag AG, Ostfildern 2006
S. 121 aus: aus: Mächtig lebendig. Frauenkalender 2009, © Schwabenverlag AG, Ostfildern 2008
S. 127 aus: dies. (Hg.), Von wegen von gestern! Der Lebenskunst großer Frauen begegnen, © Schwabenverlag AG, Ostfildern 2008
Ulrike Metternich
S. 99 aus: Gehen, wohin dein Frageblick träumt. Frauenkalender 2008, © Schwabenverlag AG, Ostfildern 2007
Carola Moosbach
S. 16 © Carola Moosbach
Antje Sabine Naegeli
S. 148 © Antje Sabine Naegeli
Hanni Neubauer
S. 128 aus: Religionspädagogische Praxis 3/1981, S. 2 © RPA-Verlag GmbH, www.rpa-verlag.de
Claudia Nietsch-Ochs
S. 34 aus: dies., Heute hab ich frei. Tage für mich und für Gott, © Schwabenverlag AG 2009
S. 103 und 122 aus: dies., Wenn ich in meinem Garten bin. Gottesspuren im Grünen finden, © Schwabenverlag AG 2006
Nelly Sachs
S. 132 aus: Gebärde der Versöhnung. Gata Verlag, Eitorf 1996
Ina Praetorius
S. 146 aus: Ina Praetorius, Gott dazwischen. Eine unfertige Theologie © Matthias Grünewald Verlag der Schwabenverlag AG, Ostfildern 2008
Dorothee Sölle
Dorothee Sölle, Psalmen essen, aus: Dies., Die Wahrheit macht euch frei, Gesammelte Werke Band 4 © KREUZ VERLAG in der Verlag Herder GmbH, Freiburg im Breisgau, 2006, S. 212
Aurelia Spendel
S. 106 aus: Wir leben vom Glanz. Frauenkalender 2007, © Schwabenverlag AG, Ostfildern 2006
Anne Steinwart
S. 126 © Anne Steinwart

Hanna Strack
S. 89 © Hanna Strack
Luzia Sutter Rehmann
S. 113 aus: Luzia Sutter-Rehmann / Sabine Bieberstein / Ulrike Metternich (Hrsg.), Sich dem Leben in die Arme werfen © 2002, Gütersloher Verlagshaus, Gütersloh, in der Verlagsgruppe Random House GmbH
Reinhild Traitler
S. 12, 92 und 140 aus: Reinhild Traitler, Es muss nicht der siebte Himmel sein. Spirituelle Texte für alle Tage © Matthias Grünewald Verlag der Schwabenverlag AG, Ostfildern 2009
Christiane Rösener
S. 59 aus: Töchter der Sonne, Mijele Najlis/Nicaragua, in: Töchter der Sonne, Unterwegs zu einer feministischen Befreiungstheologie in Lateinamerika, Bärbel Fünfsinn, Carlos Hoch, Christiane Rösener (Hg.), Hamburg 1996.
Susanne Ruschmann
S. 48 aus: Mächtig lebendig. Frauenkalender 2009, © Schwabenverlag AG, Ostfildern
S. 71 aus: Gehen, wohin dein Frageblick träumt. Frauenkalender 2008, © Schwabenverlag AG, Ostfildern 2007
S. 108 aus: Wir leben vom Glanz. Frauenkalender 2007, © Schwabenverlag AG, Ostfildern 2006
Silvia Strahm Bernet
S. 74 aus: Wir leben vom Glanz. Frauenkalender 2007, © Schwabenverlag AG, Ostfildern 2006
S. 124 Mächtig lebendig. Frauenkalender 2009, © Schwabenverlag AG, Ostfildern
Simone Weil
S. 139 aus: Simone Weil, Aufmerksamkeit für das Alltägliche © 1987, Kösel-Verlag, München, in der Verlagsgruppe Random House GmbH
Angelika Wolff
S. 135 © Angelika Wolff

S. 11, 15, 18, 20, 21, 22, 25, 26, 27, 30, 32, 35, 36, 37, 38, 39, 40, 44, 49, 50, 52, 54, 56, 57, 64, 70, 72, 73, 75, 76, 77, 79, 88, 91, 97, 98, 100, 104, 110, 111, 117, 119, 120, 125, 130, 136, 142, 143, 149, 150, 151 © Schwabenverlag AG, Ostfildern, und bei den Autorinnen

VERLAGSGRUPPE PATMOS

PATMOS
ESCHBACH
GRÜNEWALD
THORBECKE
SCHWABEN

Die Verlagsgruppe
mit Sinn für das Leben

MIX
Papier aus verantwortungsvollen Quellen
FSC
www.fsc.org
FSC® C006701

Für die Schwabenverlag AG ist Nachhaltigkeit ein wichtiger Maßstab ihres Handelns. Wir achten daher auf den Einsatz umweltschonender Ressourcen und Materialien. Dieses Buch wurde auf FSC®-zertifiziertem Papier gedruckt. FSC (Forest Stewardship Council®) ist eine nicht staatliche, gemeinnützige Organisation, die sich für eine ökologische und sozial verantwortliche Nutzung der Wälder unserer Erde einsetzt.

www.schwabenverlag-online.de

Umschlaggestaltung: Finken & Bumiller, Stuttgart
Umschlagabbildung: Wallroth/zettberlin@photocase.de
Druck: CPI-Ebner & Spiegel, Ulm
Hergestellt in Deutschland
ISBN 978-3-7966-1560-3

VERLAGSGRUPPE PATMOS

PATMOS
ESCHBACH
GRÜNEWALD
THORBECKE
SCHWABEN

Die Verlagsgruppe
mit Sinn für das Leben

MIX
Papier aus verantwortungsvollen Quellen
FSC® C006701

Für die Schwabenverlag AG ist Nachhaltigkeit ein wichtiger Maßstab ihres Handelns. Wir achten daher auf den Einsatz umweltschonender Ressourcen und Materialien. Dieses Buch wurde auf FSC®-zertifiziertem Papier gedruckt. FSC (Forest Stewardship Council®) ist eine nicht staatliche, gemeinnützige Organisation, die sich für eine ökologische und sozial verantwortliche Nutzung der Wälder unserer Erde einsetzt.

www.schwabenverlag-online.de

Umschlaggestaltung: Finken & Bumiller, Stuttgart
Umschlagabbildung: Wallroth/zettberlin@photocase.de
Druck: CPI-Ebner & Spiegel, Ulm
Hergestellt in Deutschland
ISBN 978-3-7966-1560-3